日本語能力試験 N3 予想問題集［改訂版］

国書日本語学校 編

国書刊行会

まえがき

2010年7月、日本語能力試験が新しい試験に生まれ変わりました。
「新しい日本語能力試験」は、日本語を学んだり使ったりする幅広い人を対象に、日本語能力を測定する試験であることは、旧試験と変わりませんが、日本語の知識だけに偏るのではなく、それを実際に使ってコミュニケーションできる能力を測ることを重視するものに変わりました。問題内容も、これを反映して大きく変わりました。

この『日本語能力試験N3　予想問題集［改訂版］』は、2010年3月に刊行した『新試験対応　日本語能力試験N3　予想問題集』の改訂版です。2009年7月に公表された「新しい『日本語能力試験』ガイドブック」「新しい『日本語能力試験』問題例集」などを参考に問題を作成しているのは変わりませんが、改訂にあたっては、問題を精査した上で問題数を増やし、解答には解説をつけて、どのようなポイントを押さえたらよいのか、示すようにしました。実際の試験問題は公開されず、限られた例題と情報などから予想して作成したため、必ずこの問題が出題される、というものではありませんが、さまざまな形式の問題に当たっておくのも無駄にはならないのではないか、という思いで作りました。

次の試験に向けて勉強を始めている学習者の方も多いと思います。本書が少しでも、その準備に役立てば幸いです。

2011年8月
編著者一同

❖ 本書(ほんしょ)の使(つか)い方(かた)

●本書は、日本語能力試験N3に対応した問題集です。N3の試験科目、問題数などは以下の通りです。

日本語能力試験　N3

言語知識（文字・語彙）［試験時間30分］

漢字読み　8問
表記　6問
文脈規定　11問
言い換え類義　5問
用法　5問

言語知識（文法）・読解［試験時間70分］

文法

文の文法1（文法形式の判断）　13問
文の文法2（文の組み立て）　5問
文章の文法　5問

読解

内容理解（短文）　4問
内容理解（中文）　6問
内容理解（長文）　4問
情報検索　2問

聴解［試験時間40分］

課題理解　6問
ポイント理解　6問
概要理解　3問
発話表現　4問
即時応答　9問

得点区分

言語知識（文字・語彙・文法）　0〜60
読解　0〜60
聴解　0〜60
総合得点　0〜180

● 本書は試験に合わせて3部構成になっており、第1部は「言語知識（文字・語彙）」、第2部は「言語知識（文法）・読解」、第3部は「聴解」です。

● CDには、第3部「聴解」の音声が入っています。なお、発表されている問題では、聴解問題の指示文の音声が入っていますが、本書では省略しています。Disc1には「問題1　課題理解」「問題2　ポイント理解」、Disc2には「問題3　概要理解」「問題4　発話表現」「問題5　即時応答」が収録されています。

● 別冊には「解答・解説」と「聴解問題スクリプト」を掲載しています。

● 本書に掲載した日本語能力試験の情報や、問題の形式などは、『新しい「日本語能力試験」ガイドブック概要版と問題例集　N1，N2，N3編』（独立行政法人国際交流基金・財団法人日本国際教育支援協会編著、2009年）、日本語能力試験公式ウェブサイト（http://www.jlpt.jp/）などを参考にしています。

目次

まえがき
本書の使い方

第1部　言語知識（文字・語彙）　7

　問題1　漢字読み　8
　問題2　表記　11
　問題3　文脈規定　14
　問題4　言い換え類義　17
　問題5　用法　20

第2部　言語知識（文法）・読解　25

　問題1　文の文法1：文法形式の判断　26
　問題2　文の文法2：文の組み立て　30
　問題3　文章の文法　34
　問題4　内容理解：短文　48
　問題5　内容理解：中文　54
　問題6　内容理解：長文　64
　問題7　情報検索　72

第3部　聴解　81

　問題1　課題理解　82
　問題2　ポイント理解　89
　問題3　概要理解　95
　問題4　発話表現　99
　問題5　即時応答　105

別冊

解答・解説
聴解問題スクリプト

第1部
言語知識（文字・語彙）

言語知識（文字・語彙）

問題1　漢字読み
【漢字で書かれたことばの読み方を答える問題】

問題　＿＿＿＿のことばの読み方として最もよいものを、1・2・3・4から一つえらびなさい。

1　ここが大事な場面だ。
　1　じょうめん　　2　じょめん　　3　ばめん　　4　ばあめん

2　彼の姉夫婦は、カナダに住んでいる。
　1　あにふさい　　2　あねふうふ　　3　あねふさい　　4　いもうとふうふ

3　私が研究しているのは日本のまんがです。
　1　げんきゅ　　2　けんきゅ　　3　けんきゅう　　4　げんきゅう

4　近所の公園に出かけた。
　1　きんじょ　　2　きんじょう　　3　こんじょ　　4　こんじょう

5　日本にいる間、とても楽しい経験をしました。
　1　けいけ　　2　げいけん　　3　けんけん　　4　けいけん

6　教科書代として三千円をはらう。
　1　さんせんえん　2　さんぜんねん　3　さんぜんえん　4　さんせんねん

言語知識（文字・語彙）

7 自然をこわしてはいけません。
　　1　じねん　　　2　じぜん　　　3　しねん　　　4　しぜん

8 作業を始める前に、やりかたをよく読んでください。
　　1　さぎょう　　2　さくぎょう　3　さくぎょ　　4　さぎょ

9 この本の内容は、私(わたし)には悲しすぎる。
　　1　かなし　　　2　くわし　　　3　やさし　　　4　むずかし

10 考えたことをすぐに実行する。
　　1　じつこう　　2　じっこう　　3　じつぎょう　4　じっこ

11 命をもっと大事にしなさい。
　　1　からだ　　　2　かね　　　　3　おや　　　　4　いのち

12 教室にある図書は、だれでも借りることができる。
　　1　としょう　　2　としょ　　　3　どうしょ　　4　ずうしょ

13 コップに水を注ぐ。
　　1　またぐ　　　2　ふせぐ　　　3　そそぐ　　　4　ゆすぐ

14 家族が協力してくれたことがありがたかった。
　　1　きょうりょく　2　きょりょく　3　きょうりき　4　きょりき

15 母は一生(いっしょう)けん命(めい)、働いている。
　　1　うごいて　　2　かいて　　　3　きいて　　　4　はたらいて

16 悪いことは重なるものだ。
　　1　かさなる　　2　たびかさなる　3　しげなる　　4　じゅうなる

言語知識（文字・語彙）

17 道のむこうに小さい光が見えてきた。
　1　つき　　　　2　あかり　　　　3　ほし　　　　4　ひかり

18 来週の日曜日、ご都合はいかがですか。
　1　とあい　　　2　とごう　　　　3　つごう　　　4　つあい

19 私（わたし）は、あまい食べ物が苦手です。
　1　くるて　　　2　くしゅ　　　　3　くて　　　　4　にがて

20 3月に、中国に行く計画がある。
　1　けいかく　　2　けいが　　　　3　けいがく　　4　けかく

21 朝、早かったので、とても眠い。
　1　ねむい　　　2　だるい　　　　3　つらい　　　4　きつい

22 ここは、りんごの産地として、よく知られている。
　1　さんじ　　　2　さんち　　　　3　せいち　　　4　せいじ

23 私（わたし）は、もう十分、食べました。
　1　じゅうふん　2　じゅっぷん　　3　じゅうぶん　4　じゅぶん

24 今回のできごとで、国家というものは何か、考えさせられた。
　1　くにや　　　2　こっけ　　　　3　こくか　　　4　こっか

25 今さら許してほしいと言われても無理だ。
　1　なおして　　2　ゆるして　　　3　かして　　　4　もどして

26 私（わたし）は、父の借金を返さなくてはならない。
　1　しゃくきん　2　しゃっきん　　3　じゃっきん　4　じゃくきん

言語知識（文字・語彙）

問題2　表記
【ひらがなで書かれたことばを、漢字でどう書くか答える問題】

問題　＿＿＿＿＿のことばを漢字で書くとき、最もよいものを、1・2・3・4から一つえらびなさい。

1　大きくもなく小さくもなく、ふつうのサイズだ。
　1　不道　　　　2　付通　　　　3　普通　　　　4　普進

2　自分でやってみて、やっとりかいできた。
　1　里解　　　　2　理界　　　　3　利会　　　　4　理解

3　彼は、やっと自分がやったとみとめた。
　1　承めた　　　2　肯めた　　　3　確めた　　　4　認めた

4　赤信号なのに、その車はていししなかった。
　1　停止　　　　2　低止　　　　3　定支　　　　4　亭止

5　社長は、「計画をかならず実現させる」とかたった。
　1　話った　　　2　語った　　　3　言った　　　4　説った

6　時間はかかるが、こちらの道を行ったほうがあんぜんだ。
　1　暗然　　　　2　案全　　　　3　安然　　　　4　安全

7 ぜひ、あしたのイベントにさんかしてください。
   1 参化　　　2 参加　　　3 産加　　　4 参力

8 きちんとぜいきんを払っているのに、国は何もしてくれない。
   1 説金　　　2 税金　　　3 銭金　　　4 現金

9 警察が、そのじけんを調べている。
   1 実験　　　2 事検　　　3 事件　　　4 自件

10 そんなむかしのことなんて、わすれてしまった。
   1 失れて　　2 損れて　　3 忘れて　　4 薄れて

11 帰るのがおそくなるようだったら、れんらくをください。
   1 連絡　　　2 練絡　　　3 連結　　　4 運絡

12 やくひんのとりあつかいには、気をつけてください。
   1 約品　　　2 薬物　　　3 楽物　　　4 薬品

13 駅まで、車にのせていってあげますよ。
   1 乗せて　　2 上せて　　3 運せて　　4 荷せて

14 この本は、小学生をたいしょうに書かれたものだ。
   1 対正　　　2 対照　　　3 体正　　　4 対象

15 石につまずいて、ころびそうになった。
   1 逆び　　　2 反び　　　3 転び　　　4 倒び

16 しじをまってから動いたのでは、おそい。
   1 指示　　　2 示指　　　3 示事　　　4 指図

17 しつもんがある人は手をあげてください。
1 質開　　2 質問　　3 質問　　4 質聞

18 ジュースをこぼして、ふくがよごれてしまった。
1 割れて　　2 乱れて　　3 汚れて　　4 疲れて

19 むずかしそうですが、よく見れば、たんじゅんな問題です。
1 単順　　2 単純　　3 短順　　4 簡単

20 金曜日、高橋さんのそうべつ会があった。
1 送別　　2 送去　　3 逃列　　4 選別

21 アルバイトをぼしゅうしていたので、行ってみた。
1 募集　　2 望収　　3 募主　　4 暮中

22 たて8センチ、よこ3センチのちょうほうけいを書いてください。
1 長万形　　2 四角形　　3 正方形　　4 長方形

23 彼が、うそをついていることはあきらかだ。
1 清らか　　2 明らか　　3 赤らか　　4 白らか

24 今日は気温が低く、水がとてもつめたい。
1 氷たい　　2 冷たい　　3 涼たい　　4 寒たい

25 私たちがとまったのは、みずうみのそばのホテルだった。
1 波　　2 池　　3 海　　4 湖

26 今回の事件で、社長がせきにんをとってやめた。
1 責任　　2 席人　　3 積任　　4 績人

問題3　文脈規定
【空欄に入れるのに意味的に最もふさわしいことばを答える問題】

問題　（　　）に入れるのに最もよいものを、1・2・3・4から一つえらびなさい。

1　肉や野菜など、料理の（　　）を買ってきた。
　1　道具　　　2　材料　　　3　用意　　　4　資料

2　雨に降られ、服が（　　）にぬれた。
　1　びしょびしょ　2　ざくざく　3　どろどろ　4　ざあざあ

3　細かいところまで、ちゃんと（　　）しましょう。
　1　ショック　2　チャック　3　チョーク　4　チェック

4　この地域では、バスの（　　）客は、毎年、減っている。
　1　通用　　　2　活用　　　3　利用　　　4　応用

5　あしたまでに仕事を終わらせるのは（　　）可能です。
　1　未　　　　2　不　　　　3　非　　　　4　無

6　わからないことがあったら、何でも（　　）してください。
　1　会話　　　2　相談　　　3　話題　　　4　世話

7 どうぞお父さんに、(　　　) よろしくお伝えください。
　1　くれぐれも　　2　どうしても　　3　ちっとも　　4　いまにも

8 誕生日(たんじょうび)に友だちがくれた (　　　) は本だった。
　1　サービス　　　　　　　2　レクリエーション
　3　スケジュール　　　　　4　プレゼント

9 ふろの水がいっぱいになって、(　　　) いるよ。
　1　はずれて　　2　ふくれて　　3　のまれて　　4　あふれて

10 彼女は、学校の行事に積極 (　　　) だ。
　1　性　　　　2　的　　　　3　面　　　　4　状

11 21世紀に入り、通信の技術はすごい勢いで (　　　) している。
　1　進歩　　　2　増加　　　3　展開　　　4　交換

12 私(わたし)の知らない間に、彼が1人で話を (　　　) 進めてしまった。
　1　からから　　2　ごくごく　　3　どんどん　　4　ぶつぶつ

13 旅行の最後に有名なレストランに行く (　　　) を立てた。
　1　プラン　　　2　メニュー　　3　アイデア　　4　モデル

14 先週は寒かったが、今週になって (　　　) 暖(あたた)かくなってきた。
　1　やっと　　　2　もっと　　　3　そっと　　　4　さっと

15 私(わたし)の (　　　) 所は、まじめなことです。
　1　良　　　　2　明　　　　3　強　　　　4　長

16 新聞に、きのうの火事に関する (　　　) が出ていた。
　1　作文　　　2　記事　　　3　文学　　　4　伝言

17 人生は、(　　) 自分が思うようにはいかないものだ。
　1　まあまあ　　2　とうとう　　3　ますます　　4　なかなか

18 この木は、枝が曲がってのびる (　　) の木です。
　1　タイプ　　2　デザイン　　3　コース　　4　イメージ

19 今日は、風もなく、(　　) 天気の1日でした。
　1　おだやかな　　2　おとなしい　　3　やわらかい　　4　なごやかな

20 過ぎたことを (　　) 悩んでいるばかりでは、何も前にすすまない。
　1　わくわく　　2　にやにや　　3　くよくよ　　4　しとしと

21 時間におくれないよう (　　) も言っているのに直らない。
　1　何回　　2　今回　　3　全回　　4　毎回

22 宿題の提出 (　　) は、来週月曜日の12時です。
　1　期間　　2　時期　　3　学期　　4　期限

23 来週の授業は、教室が316号室から405号室に (　　) になります。
　1　変化　　2　変更　　3　変動　　4　変換

24 まちがって指に針を (　　) しまい、血が出た。
　1　打って　　2　刺して　　3　ついて　　4　切って

25 難しい状況であることを聞かされ、社長は厳しい表情を (　　)。
　1　出した　　2　表した　　3　訴えた　　4　浮かべた

26 機械が動かなくなったので、(　　) して調べたら、中のゴムが切れていた。
　1　分解　　2　分配　　3　分布　　4　分散

問題4　言い換え類義
【問題となっていることばや表現と意味の近いことばや表現を答える問題】

問題　＿＿＿＿に意味が最も近いものを、1・2・3・4から一つえらびなさい。

1　このままでは中止もやむをえないだろう。
　　1　できない　　　2　しかたない　　　3　したくない　　　4　やめられない

2　くだらない話を聞かされた。
　　1　さわがしい　　2　おもしろい　　　3　つまらない　　　4　おそろしい

3　あしたは、あわただしい1日になりそうだ。
　　1　忙しい　　　　2　楽しい　　　　　3　寒い　　　　　　4　暖かい

4　自分のペースを守っていけばだいじょうぶだよ。
　　1　パート　　　　2　パターン　　　　3　テンポ　　　　　4　レベル

5　少し、じっとしていなさい。
　　1　目を閉じて　　2　動かないで　　　3　だまって　　　　4　考えて

6　彼女はスタイルがいい。
　　1　格好　　　　　2　成績　　　　　　3　顔　　　　　　　4　頭

7　佐藤さんは、とても率直にものを言う。
　　1　否定的に　　　2　消極的に　　　　3　直接的に　　　　4　間接的に

⑧ 彼女は意見を言うときに、ちょっとためらった。
　1　迷った　　　　　　　　　　2　きんちょうした
　3　ほほえんだ　　　　　　　　4　恥ずかしがった

⑨ 君は、それはすなわち、だめだと言いたいのかい？
　1　それとも　　2　もしくは　　3　つまり　　4　やはり

⑩ 彼の声を聞いて、ほっとした。
　1　安心した　　2　感動した　　3　心配した　　4　油断した

⑪ そんなことをされてはたまらない。
　1　貯金できない　　　　　　　2　許されない
　3　がまんできない　　　　　　4　終わらない

⑫ 彼は、自分の仕事にたいくつしている。
　1　忙しくしている　　　　　　2　一生けん命になっている
　3　すきになっている　　　　　4　いやになっている

⑬ その男は、頂点に立った。
　1　トップ　　2　ホーム　　3　スタンド　　4　キャプテン

⑭ その機械は、すぐにふきゅうした。
　1　こわれた　　2　広がった　　3　古くなった　　4　安くなった

⑮ きのう、田中さんは非常に暗かった。
　1　とても　　2　めずらしく　　3　何も話さず　　4　いつものように

⑯ いつも朝1時間ぐらい、トレーニングをする。
　1　練習　　2　水泳　　3　試験　　4　読書

言語知識（文字・語彙）

17 松下さんは、耳がとおい。
　1　とても年を取っている　　　　2　耳がよく聞こえない
　3　何でもよく聞いてくれる　　　4　耳がとてもいい

18 高橋さんなら、とっくに出かけましたよ。
　1　ずっと前に　　2　あわてて　　3　朝早く　　4　すぐ近くまで

19 姉は、ダンスに夢中になっている。
　1　満足して　　2　成功して　　3　苦労して　　4　熱中して

20 きのう、ろうかにあった荷物をどけた。
　1　片付けた　　2　送った　　3　開けた　　4　届けた

21 彼は、英語を3カ月で習得した。
　1　マッチした　　　　　　　　　2　マスターした
　3　コミュニケーションした　　　4　キャッチした

22 私が入った会場はしいんとしていた。
　1　とても静かだった　　　　　　2　とてもにぎやかだった
　3　少し暗かった　　　　　　　　4　とても明るかった

23 彼女は、ずるをして、いい点を取った。
　1　努力　　2　勉強　　3　予測　　4　不正

24 これは、見事な花ですね。
　1　高価な　　2　立派な　　3　地味な　　4　清潔な

25 うちの学校の校則はゆるいほうだ。
　1　あまい　　2　きつい　　3　からい　　4　あたたかい

26 みんなについていくのに必死になった。
　1　いや　　2　困難　　3　無理　　4　一生けん命

19

言語知識（文字・語彙）

問題5　用法
【出題語が文の中でどのように使われるのが正しいか答える問題】

問題　つぎのことばの使い方として最もよいものを、1・2・3・4から一つえらびなさい。

1　複雑
1　妹はいろいろな複雑を乗りこえて、彼と結婚した。
2　きのうは祝日だったので、道路は複雑にこんでいた。
3　この問題は、とても複雑で、私1人では解決できない。
4　違うものを一緒に複雑しないほうがいい。

2　きっと
1　午後から雨になったので、きっと出かけた。
2　心配しなくても、きっと、だれかが助けてくれるよ。
3　きっと言われた通り、ちゃんとやりました。
4　彼がきっとにできるようになるまで、待ちましょう。

3　ガラス
1　事故で、車のガラスが割れてしまった。
2　のどがかわいたので、ガラスから水を飲んだ。
3　目が悪くなったので、ガラスをかけることにした。
4　きれいに光るようによくガラスしておいてください。

4　きびしい
1　加藤さんは、父親がとてもきびしいらしい。
2　道路が凍って、車がきびしく動いている。
3　きのうの火事では、2階がきびしく燃えたそうだ。
4　肉がくさって、きびしいにおいがしている。

言語知識（文字・語彙）

5 おかげ
 1 彼女がメダルをとったおかげには、コーチの助けがあった。
 2 試合に負けたおかげは、練習が足りなかったことだ。
 3 しめきりを1日間違えたおかげで、試験を受けられなかった。
 4 先生が勉強を教えてくれたおかげで、合格できました。

6 セット
 1 山田くんと森下さんは、いいセットだ。
 2 ピアノと歌がぴったりセットして、すてきだった。
 3 今、いすとテーブルをセットで買えば、安くなる。
 4 公園には、なかのよさそうなセットがたくさんいた。

7 つもり
 1 本当に目の前に人がいるつもりで、話してください。
 2 もうすぐバスが来るつもりだから、急ごう。
 3 寝る前に、あした、出かけるつもりをしておこう。
 4 あそこに、本当に社長になったつもりがいる。

8 通知
 1 そのニュースはテレビで通知した。
 2 郵便で、合格の通知が届いた。
 3 駅の前で道を聞かれたので通知してあげた。
 4 このことは、みんなが通知をしている。

9 長引く
 1 ズボンのすそが長引いて、よごれている。
 2 そんな長引いた言いわけは聞きたくない。
 3 午前の会議が長引いているようだ。
 4 夏休みがもっと長引くといいのになあ。

21

10 ぎゅうぎゅう
1 朝の電車は、いつも人が多くてぎゅうぎゅうだ。
2 うちの子は、いくらぎゅうぎゅう言っても勉強しない。
3 彼に助けを頼んだが、ぎゅうぎゅうにことわられた。
4 おなかがすいて、ぎゅうぎゅうにがまんできない。

11 ほぼ
1 駅から家までは、ほぼに20分歩く。
2 会議に出るほぼの人数(にんずう)を教えてください。
3 出かけるのに、ほぼな天気になった。
4 旅行に行く場所は、ほぼ決まった。

12 まごまご
1 こんなこわい所に来るのは、もうまごまごだ。
2 こんでいて友だちと、まごまごになった。
3 入り口がわからなくて、まごまごしてしまった。
4 いつまでもまごまごと食べてないで、出かけなさい。

13 天然
1 この近くには、天然の温泉がたくさんある。
2 彼と彼女は、天然に結婚した。
3 あの山にはまだ、大天然が残っている。
4 村には電気がなく、住民は天然らしい生活をしている。

14 述べる
1 今日は、となりの町まで述べました。
2 彼女は、しっかりと自分の意見を述べた。
3 うれしい気持ちが顔に述べられている。
4 授業中、友だちと述べてばかりしてはいけません。

15 スピード
1 彼は、その中でもっともスピードな選手だ。
2 車よりも、歩いたほうがスピードだ。
3 その仕事は、スピードにやらなくてはならない。
4 自転車がすごいスピードで走ってきた。

16 自動
1 暖(あたた)かくなると、虫たちが自動しはじめる。
2 少し早めに歩くなど、軽い自動はしてもかまいません。
3 このドアは夜8時になると、自動でかぎが閉まる。
4 何かを始めたいと思ったら、まず自動してみることだ。

17 わずか
1 パーティーの準備は彼に気づかれないよう、わずかに進められた。
2 荷物を運んできたのは、まだ背(せ)のわずかな子どもだった。
3 彼女は体重をへらし、見違えるほど、わずかになった。
4 この学校に通うのも、残りわずかとなった。

18 メンバー
1 先月、2人のメンバーが加わって8人になった。
2 この辞書には約25万のメンバーが収められている。
3 今日のおすすめのメンバーは、野菜カレーです。
4 現在、日本のメンバーは、約1億3000万人だ。

19 のんき
1 来年は受験なのに、息子(むすこ)は勉強もせず、のんきにゲームばかりしている。
2 かぜでもひいたのだろうか、彼女はいつものんきがない。
3 この作品を仕上げるのにとてものんきをしたのに、すべてがむだになった。
4 1人でやっていても片付(かたづ)かないから、みんなでのんきにやってしまいましょう。

20 いきなり
1 お昼ごはんを食べたら、いきなり出かけないといけない。
2 彼は寝たいときに寝るといういきなりな生活をしている。
3 いきなり結婚してくれなんて言われても、困ります。
4 きのうの夜から、いきなりに電話が鳴りっぱなしだ。

21 納得する
1 全員が納得するまで、よく話し合った。
2 12万円のパソコンを5万円で納得した。
3 来年の夏までに、フランス語を納得するつもりだ。
4 今月の終わりまでに税金を納得しなくてはならない。

22 そろそろ
1 暗くなってきましたから、そろそろ帰りましょう。
2 彼女が泣きやむまで、そろそろとしておいたほうがいい。
3 午後になって、気持ちのいい風がそろそろとふいてきた。
4 自分がどこにいるのかわからず、彼はそろそろと辺りを見回した。

23 とりかえる
1 宿題を忘れてしまい、家にとりかえた。
2 電球が切れてしまったので、新しいものにとりかえた。
3 早く寝てしまったので、今日はその分、とりかえなければ。
4 落としたさいふが、私のところにとりかえた。

24 はがす
1 壁にはられたシールをきれいにはがすのは大変だ。
2 ここで上着をはがしてください。
3 テーブルにこぼしたコーヒーを布ではがした。
4 私は毎朝、ラジオを聞きながらひげをはがす。

第2部
言語知識（文法）・読解

問題1　文の文法1：文法形式の判断
【文の内容に合った文法形式かどうか判断して答える問題】

問題 つぎの文の（　　）に入れるのに最もよいものを、1・2・3・4から一つ、えらびなさい。

1　さいふに1000円（　　）入っていないことに気づいた。
　1　でも　　　2　までに　　　3　から　　　4　しか

2　弟は、兄（　　）背が高くない。
　1　ぐらい　　2　まで　　　3　ほど　　　4　とか

3　このままだと、あしたまでに終わらない（　　）がある。
　1　おそれ　　2　ながら　　3　おかげ　　4　ついで

4　中村さんによると、ヤンさんは今、中国にいる（　　）。
　1　らしい　　2　ばかり　　3　つもり　　4　ように

5　おくれてきた（　　）、勝手なことを言うな。
　1　うちに　　2　せいに　　3　ばかりに　　4　くせに

6　かぜ（　　）で、出かけるのがつらい。
　1　っぽい　　2　向け　　　3　がち　　　4　気味

7　その土地（　　）、国と住民が対立している。
　1　をめぐって　　2　にわたって　　3　を通じて　　4　にあたって

⑧　夜からあしたの朝（　　　）、雨が強くなるということだ。
　　1　にともなって　2　に対して　　3　にかけて　　4　に関して

⑨　山田さんと一緒に仕事をする（　　　）彼の優秀さがわかってきた。
　　1　うちに　　　2　とたんに　　3　たびに　　　4　あげくに

⑩　時間も時間なので（　　　）失礼します。
　　1　そろそろ　　2　つくづく　　3　ようやく　　4　いつしか

⑪　人から何を（　　　）、気にしないことだ。
　　1　言わされても　2　言っても　　3　言われても　4　言われても

⑫　信号が青に（　　　）、道を渡っていいです。
　　1　なったら　　2　なっても　　3　なると　　　4　なったり

⑬　テレビを（　　　）、食べるのはやめなさい。
　　1　見るところ　2　見ながら　　3　見るものの　4　見つつも

⑭　まだ、（　　　）ので、だいじょうぶです。
　　1　走れれる　　2　走れられる　3　走れる　　　4　走られる

⑮　このことは、ぜひ、多くの人に知って（　　　）。
　　1　もらいたい　　　　　　　2　くれるだろう
　　3　もらった　　　　　　　　4　やりたい

⑯　先生に聞いた（　　　）、リンさんはお休みだそうだ。
　　1　としても　　2　にとって　　3　により　　　4　ところ

⑰　小さいころはよく、姉の着られなくなった服を（　　　）。
　　1　着させられた　2　着せていた　3　着させていた　4　着られていた

言語知識（文法）・読解

18 A「このペン、ちょっと貸して（　　）？」
　　B「どうぞ。」
　　1　くれる　　　　2　あげる　　　　3　やれる　　　　4　もらう

19 部屋をよごした学生たちに、自分たちでそうじ（　　）。
　　1　させた　　　　2　しさせた　　　3　しられた　　　4　された

20 あ、もうこんな時間！　早く行か（　　）。
　　1　なくちゃ　　　2　なっちゃ　　　3　なっちゃう　　4　なけりゃ

21 だれも意見を言わないので、とても話し（　　）ふんいきだ。
　　1　ぐるしい　　　2　にくい　　　　3　たがる　　　　4　かねない

22 森田さんが悪いのだから、きちんとあやまる（　　）だと思うよ。
　　1　はず　　　　　2　だけ　　　　　3　べし　　　　　4　べき

23 天気予報によると、あしたは雪が降る（　　）。
　　1　ぐらいだ　　　2　そうだ　　　　3　までだ　　　　4　だろう

24 昼までに、彼にメールを送らなくては（　　）。
　　1　たまらない　　2　ならない　　　3　ほかならない　4　かぎらない

25 もう二度と、こんなばかなことは（　　）。
　　1　するかぎりだ　　　　　　　　　2　するにちがいない
　　3　するまい　　　　　　　　　　　4　するほかない

26 知っていたのに教えなかったとすれば、それは不親切（　　）。
　　1　しかない　　　2　かのようだ　　3　というものだ　4　でならない

27 山登りのおもしろさは、実際に山に登らなければわかり（　　）。
　　1　つつある　　　　　　　　　　　2　っこない
　　3　ないこともない　　　　　　　　4　ざるをえない

28 すみませんが、こちらにお名前を（　　　）。
1　お書きましょう　　　　　2　お書きいただいています
3　お書きください　　　　　4　お書きされてください

29 卒業式に、私(わたし)は先生にきれいな花を（　　　）。
1　おあげになりました　　　2　差し上げました
3　おやりになりました　　　4　召し上がりました

30 （レストランで）
A「何でもお好きなものをどうぞ。」
B「実は私(わたし)、さっき食べた（　　　）。コーヒーをいただきます。」
1　ことでして……　　　　　2　からには……
3　きりなので……　　　　　4　ばかりでして……

31 A「この席、座っても（　　　）。」
B「ええ、かまいませんよ。」
1　ございますか　　　　　　2　いかがですか
3　よろしいですか　　　　　4　けっこうですか

32 （社長が、部下に）
A「お客さんはどこ？」
B「会議室に（　　　）。」
1　ございます　　　　　　　2　いらっしゃいます
3　みえます　　　　　　　　4　あります

33 A「田中さんからまだ返事が来ないね。」
B「ということは、残念ながら同窓会(どうそうかい)には参加（　　　）だな。」
1　したいということ　　　　2　しないということ
3　せずにはいられないということ　4　するということ

問題2　文の文法2：文の組み立て
【正しく意味が通る文を組み立て答える問題】

問題　つぎの文の ★ に入る最もよいものを、1・2・3・4から一つえらびなさい。

1　時間と_____ ___★___ _____ _____行けるのに。
　　1　さえ　　　　2　旅行に　　　3　金　　　　　4　あれば

2　日本の_____ _____ ___★___ _____でしょう。
　　1　さくら　　　2　花　　　　　3　と言えば　　4　なんと言っても

3　さすが_____ _____ ___★___ _____3カ月先までいっぱいだ。
　　1　だけあって　2　店　　　　　3　人気のある　4　予約は

4　井上さんは、_____ _____ ___★___ _____いける人だ。
　　1　国に　　　　2　行っても　　3　生きて　　　4　どんな

5　この中で、_____ _____ ___★___ _____人はいませんか。
　　1　会計の　　　2　頼める　　　3　係を　　　　4　だれか

6　こんなに_____ _____ ___★___ _____成績が上がりません。
　　1　いるのに　　2　一生けん命　3　ちっとも　　4　勉強して

7　寒くなって_____ _____ ___★___ _____にしました。
　　1　きたし　　　2　早めに　　　3　帰ること　　4　天気も悪いので

8 申しわけないのですが_____ _____ ★_____ _____ものなんです。
　1 できない　　2 ことが　　3 差し上げる　　4 この絵は

9 本当に好きなら_____ _____ ★_____ _____伝えたほうがいいよ。
　1 気持ちを　　2 ことわられた　　3 たとえ　　4 としても

10 背中が_____ _____ ★_____ _____のかもしれません。
　1 するから　　2 出てきた　　3 熱が　　4 ぞくぞく

11 今日は_____ _____ ★_____ _____ない。
　1 どころでは　　2 花見を　　3 寒すぎて　　4 する

12 子どもを保育園に_____ _____ ★_____ _____もったいない。
　1 仕事をやめる　　2 ために　　3 あずけらない　　4 としたら

13 試合に_____ _____ ★_____ _____きました。
　1 だけを　　2 目標として　　3 勝つこと　　4 練習して

14 あの人は、_____ _____ ★_____ _____何もしない。
　1 わりに　　2 ことを　　3 言う　　4 えらそうな

15 東京は、今夜_____ _____ ★_____ _____かもしれない。
　1 にかけて　　2 から　　3 雪が降る　　4 あした

16 すみませんが、来週から2週間_____ _____ ★_____ _____でしょうか。
　1 休みを　　　　　　2 いただけない
　3 取らせて　　　　　4 ほど

17 愛されたことのない＿＿＿＿ ＿＿＿＿ ★＿＿ ＿＿＿＿と言われています。
　　1　愛することが　2　子どもは　3　人を　4　できない

18 森さんは奥さんに家事を＿＿＿＿ ＿＿＿＿ ★＿＿ ＿＿＿＿らしい。
　　1　して　2　ちゃんと　3　もらいたい　4　もっと

19 彼女はファッションに＿＿＿＿ ＿＿＿＿ ★＿＿ ＿＿＿＿です。
　　1　相当の　2　使って　3　お金を　4　いたということ

20 この液体は＿＿＿＿ ＿＿＿＿ ★＿＿ ＿＿＿＿あります。
　　1　白く　2　ことが　3　にごる　4　凍（こお）らせると

21 車内に＿＿＿＿ ＿＿＿＿ ★＿＿ ＿＿＿＿ください。
　　1　よう　2　なさらない　3　お気をつけ　4　お忘れものを

22 彼女の活躍を＿＿＿＿ ＿＿＿＿ ★＿＿ ＿＿＿＿だろう。
　　1　成功は　　　　　　　　2　ありえなかった
　　3　今度の事業の　　　　　4　抜きにして

23 できるだけ＿＿＿＿ ＿＿＿＿ ★＿＿ ＿＿＿＿人もいます。
　　1　少ない文章を　2　している　3　カタカナ語の　4　書こうと

24 彼の＿＿＿＿ ＿＿＿＿ ★＿＿ ＿＿＿＿がっかりさせられた。
　　1　ずいぶん　2　会議での　3　発言には　4　その日の

25 先生はていねいに＿＿＿＿ ＿＿＿＿ ★＿＿ ＿＿＿＿くださいました。
　　1　手紙の　2　間違いを　3　直して　4　私の

26 雑誌を＿＿＿＿ ＿＿＿＿ ★＿＿ ＿＿＿＿ください。
　　1　戻して　2　おいて　3　読み終えたら　4　元のところに

27 すぐにわからないと_____ _____ ★____ _____ください。

1 考えてみて　　2 かけて　　　3 言わず　　　4 もう少し時間を

28 この中に、今晩_____ _____ ★____ _____いらっしゃいますか。

1 ご存知の方が　2 どうかを　　3 来るか　　　4 山田さんが

29 飲み放題というのは、決まった金額を払えば、_____ _____ _____ ★____ _____システムです。

1 かまわない　　2 後はいくら　　3 という　　　4 たくさん飲んでも

30 買い物をしているあいだ_____ _____ ★____ _____あげよう。

1 買って　　　　　　　　　　2 いれば
3 おとなしくして　　　　　　4 おもちゃを

31 山田さんは歌や_____ _____ ★____ _____うかがったんですが。

1 子どもたちに　　　　　　　2 ピアノを
3 いらっしゃるって　　　　　4 教えて

32 友だちは_____ _____ ★____ _____ありません。

1 多いほど　　2 ものでは　　3 いいという　　4 多ければ

33 さっき頼んだラーメン、もし_____ _____ ★____ _____してください。

1 ようなら　　2 これ以上　　3 キャンセル　　4 時間がかかる

34 コンタクトレンズを_____ _____ ★____ _____見えない。

1 はっきりとは　　　　　　　2 先生の字が
3 黒板の　　　　　　　　　　4 していないと

問題3　文章の文法
【文章の流れにあったことばや表現を答える問題】

問題　つぎの文章を読んで、 1 から 5 の中に入る最もよいものを、1・2・3・4から一つ、えらびなさい。

3－1

　日本には、「出る杭(注1)は打たれる」ということわざがある。才能や能力がある人は目立つ。そういう人は、ほかの人から憎まれたり、じゃまをされたり 1 、という意味だ。このことばの裏には、 2-a 才能や能力が 2-b 、それを表に出して自慢するのではなく、おとなしくしているほうがいい、という意味もある。

　学校や職場でも、「出る杭」は、いじめられやすい。ちょっとでも目立つことをすると、その人のことをみんなが批判して、つぶそうとする。学校や職場だけではなく、新聞やテレビなどのマスコミが「つぶす」側になることも、よくある。才能や能力がある人、あるいは、何か新しいことをやってみたい人にとっては、なんて息苦しい 3 。

　 4 、こんなことばもある。「出すぎた杭は打たれない」。いろいろなビジネスを成功させた人の言葉だ。打たれることを 5 、どんどん出る杭になろう。

(注1) 杭＝地面に立てて目印にするぼう

1

1　しにくいものだ　　　　2　させにくいわけだ
3　しやすいものだ　　　　4　させやすいわけだ

2

1　a　とても／b　あると　　　2　a　いくら／b　なくても
3　a　あまり／b　ないなら　　4　a　いくら／b　あっても

3

1　社会であるべきだ　　　　2　社会のはずだ
3　社会だろう　　　　　　　4　社会ではない

4

1　けれども　　2　だから　　3　すると　　4　そのうえ

5

1　恐れられて　　2　恐れながら　　3　恐れずに　　4　恐れようと

3-2

　オーストラリアでホームステイしていたときのことです。その家のお母さんの誕生日になり、私は鉢植えの花を[1]。近くの花屋さんで買った鉢植えは、何の飾りもないもの。私は、日本の花屋さんのことを思い出し、「そうだ、英字新聞を鉢のまわりにまいて飾ろう！」と思ったのです。

　そして、きれいに飾った鉢植えが完成。私はお母さんに渡す前に、お父さんに見せました。すると、「すてきだね」と言われる[2]「新聞でつつむのはやめたほうがいいよ」と、[3]。

　日本人の私には「おしゃれ」に見えた英字新聞。しかし、考えるとオーストラリア人の彼ら[4]、英字新聞はおしゃれでもなんでもない。日本の花屋では、よくお墓に飾る菊の花を日本語の新聞につつんで売っていますが、日本人はこれをおしゃれとは[5]。それと同じことだと気付いたのです。恥ずかしい思い出です。

1
1　おくっていただきました　　2　おくってもらいました
3　おくることにしました　　　4　おくってやりました

2
1　とおりに　　2　といっても　　3　とともに　　4　どころか

3
1　笑われてみたのです　　　2　笑われてしまったのです
3　笑われてたまらないのです　4　笑われてもいいのです

4
1　にとっては　　2　にくらべて　　3　につれて　　4　にとっても

5
1　感じません　　2　感じました　　3　感じます　　4　感じませんでした

3-3

　コンピューターの技術は、日々、進化している。特に写真は、後からいくらでも直すことができるようになっている。例えば、人の顔にあるしみ(注)をなくしたり、スタイルがよく見えるように体を細くしたりする、ということが　1　。

　ところが、このように、あまりにも簡単に修正ができるために、問題が起きた。ヨーロッパのある国でのことだ。ある有名な女優を使った化粧品の広告が、「　2　」という理由で、雑誌などにのせることを禁止されてしまったという。その女優の肌の色があまりにもきれいだったため、化粧品の効果を実際よりも　3　見せすぎている、というのだ。化粧品会社では、修正をしたことは認めたが、どのくらい直したのかは、　4　。

　技術が進むのはすばらしいことだが、このような方法で利用するのは、逆に商品への信頼を　5　。簡単に直せるからといって、直しすぎるのは問題だ。

（注）しみ＝ここでは、顔にできる茶色に変化した部分

1
1　難しいけれどできる　　　　　2　とても簡単にできる
3　難しくてまったくできない　　4　簡単だがなかなかできない

2
1　美しすぎる　　2　汚すぎる　　3　簡単すぎる　　4　難しすぎる

3
1　安く　　　　2　長く　　　　3　低く　　　　4　高く

4
1　明らかにできない　　　　2　明らかにしている
3　明らかにしていない　　　4　明らかになっている

5
1　失いがちだ　　　　　　　2　失いかねない
3　取り戻すことができる　　4　取り戻せないだろう

3-4

　友だちの間で、「朝活」をしている人が増えている。「朝活」とは、朝の時間を利用して、語学を勉強したり、趣味の活動をしたりすること。決められた出社時間よりも2時間早く会社に行って、仕事をしている人もいる。

　朝、起きたばかりの時間は、｜　1　｜ように思っていたが、彼らに聞くと、むしろ、夜遅い時間よりも疲れていないし、集中できるのだそうだ。

　｜　2　｜、私も朝活をしてみることにした。英語の演説を集めたサイトの中からおもしろそうなテーマのものを選んで、聞くことにした。最初は、まったくわからなくて「聞き取れるようになんて、｜　3　｜」と思ったが、何度も聞いているうちに、だんだん聞き取れるところが増えてきた。大事なのは、ただ聞くのではなくて、意味を考えながら聞くことだ。まだ1カ月ぐらいだが、最初は｜4-a｜と感じた話し方が、だいぶ｜4-b｜聞こえるようになってきた。夜早く寝て、朝早く起きるように｜　5　｜、体調もよくなった。朝活をしばらく続けてみようと思う。

1
1　もう脳はよく働かない　　　　2　すでに脳がよく働いている
3　まだ脳がよく働かない　　　　4　とても脳がよく働きはじめる

2
1　やがて　　　2　そこで　　　3　また　　　4　ところが

3
1　なれっこない　2　なれちゃった　3　なれたっけ　4　なれるもんだ

4
1　a　聞きにくい　／　b　話しやすく
2　a　ゆっくり　／　b　速く
3　a　速い　／　b　ゆっくりと
4　a　聞きやすい　／　b　聞きやすく

5
1　なったせいか　2　なったものの　3　なったにせよ　4　なったとすれば

3-5

　物をたくさん持っている人と、ほとんど持っていない人と、どちらが自由な暮らし方をしていると　　1　　。

　例えば、好きな作家の本。かつて私は、好きな作家が書く本は全部買ってそろえ、本ばこに並べておくのが　　2　　時期があった。音楽のCDもそうだ。好きな歌手が出すCDは、とにかく買ってそろえた。好きなものを手元に置いておけば、いつでも自由に見たいときに見ることができる、聞きたいときに聞くことができる。手元にないのは　　3　　だと思っていたのだ。

　しかし、その結果、部屋は物であふれてしまった。部屋は、休んだり、楽しんだりするための場所ではなく、物を置いておく場所になってしまったのだ。　　4　　、きれいに片付けておくためには時間と手間がかかる。物がなければそれも必要なくなる。そうすると本当に自由なのは、　　5　　ではないか。最近はそう考えるようになった。

1
1　言えなかっただろうか　　　2　言えないだろうか
3　言えただろうか　　　　　　4　言えるだろうか

2
1　うれしい　　2　すばらしい　　3　悲しい　　4　くやしい

3
1　まずしいこと　　　　　　　2　便利なこと
3　不自由なこと　　　　　　　4　あきらめること

4
1　しかも　　　2　こうして　　3　もしも　　4　すると

5
1　物を片付けること　　　　　2　物を持たないこと
3　物をとっておくこと　　　　4　物を捨てること

3-6

　先日、ある新聞で、東京に「子ども向けの職業体験型テーマパーク」というものがあることを知りました。

　その記事に　1　、その施設の中には、実物の3分の2サイズの街が作られているそうです。そしてそこで、子どもたちは、パイロット、ファッションモデル、カメラマンなど、自分が　2-a　ものなら　2-b　なれるというのです。このテーマパークで体験できる職業のプログラムの数は、上であげたものを含め、全部で100　3　もあります。

　このテーマパークの社長は「仕事というものが楽しいものである、ということを知ってもらいたくてこの施設を作った」と語っています。　4　その記事の写真を見ると、本物そっくりのユニフォームを身につけた子どもたちは、とてもいきいきとした表情をしています。

　「記者がこの施設を取材したのは平日だったが、入場を待つ子どもたちの長い行列が　5　」と書かれていました。

1

1　わたって　　2　よると　　3　関して　　4　ついては

2

1　a　なるべき　／　b　だれとでも　　2　a　なった　／　b　いつでも
3　a　なっている　／　b　どこでも　　4　a　なりたい　／　b　何にでも

3

1　以内　　2　以下　　3　近く　　4　しか

4

1　確かに　　2　しかし　　3　そのうえ　　4　それなのに

5

1　集まっていた　　2　作りつつある　　3　できていた　　4　並んでいた

3－7

　先日、私が不注意で、自分の大切なかばんを　1　ときのことです。中には、ノートパソコン、財布、銀行のカード、手帳など、私にとって　2　が、いろいろと入っていました。もちろん警察に届けは出しましたが、見つからず、落ちこんでいました。

　そんなとき、昔、私が教えていた、中国人の学生がメールで私にいくつか、急いで返事をしてほしいという質問を送ってきました。　3-a　返事を書くのが遅い私も、その時　3-b　、パソコンを借りて、すぐに返事を書きました。学生の質問への答えとともに、「かばんを落とした」という事実を　4　、学生からすぐにまたメールが届きました。そしてそこには、次のようなことが書かれていました。「先生のかばんがなくなった　5　、とても不幸な事件だと思います。でも、『古いものがなくならなかったら、新しいものは来ない』という中国のことわざがあります。ですから、気にしないで、元気を出しましょう！」

　その次の日から、私はいつもの笑顔に戻りました。

1
1　置いてもらった　　　　　2　かくしてあげた
3　取っておいた　　　　　　4　なくしてしまった

2
1　しなければならないもの　　2　なくても困らないもの
3　なくてはならないもの　　　4　あってもなくてもよいもの

3
1　a　いつのまにか　／　b　においては
2　a　いつもは　　　／　b　ばかりは
3　a　いつかは　　　／　b　だけで
4　a　いつごろ　　　／　b　にかけては

4
1　伝えると　　2　伝えたなら　　3　伝えれば　　4　伝えるから

5
1　らしくて　　2　ようです　　3　とのこと　　4　はずです

問題4　内容理解：短文
【150～200字程度の文章を読み、質問に答える問題】

問題　つぎの文章を読んで、質問に答えなさい。答えは1・2・3・4から最もよいものを一つえらびなさい。

4-1

To：knakajima@◎△◎.co.jp
From：umemura@×○×.co.jp

件名：「中国語で話そう！」受講料の件

中島今日子様

毎朝カルチャー講座の梅村です。

さて、この度は、「中国語で話そう！　初級コース」にお申し込みくださり、ありがとうございました。

本日は、インターネットで申し込まれた方に、受講料の支払い方法について、ご連絡いたします。

申し込みのときにお知らせした8けたの数字をお持ちになり、お近くのコンビニで受講料3万円をお支払いください。お金が支払われたことが確認できましたら、申し込みが完了したことになります。

1　このメールの内容として、正しいのはどれか。
1　「中島さん」の申し込みが確認できたことを知らせるものである。
2　「中島さん」が申し込み方法を聞いたことに対する答えである。
3　「中島さん」に、正式に申し込みをする方法を知らせるものである。
4　「中島さん」に、中国語のコースが開かれることを知らせるものである。

4-2

　さくらは春にさくもの、そう思っている人は多いでしょう。さくらは暖かくなってきたことを知らせるようにさくからこそ、多くの人々に愛されている、とも言えます。

　ところが、さくらの仲間には、これから寒くなるというころからさきはじめるものもあるのです。「十月ざくら」は、秋の終わりから花をさかせはじめ、冬の寒い間、一つ、また一つと、花をさかせ続けます。一気にたくさんの花をさかせる春のさくらにくらべると目立ちませんが、かわいらしいさくらです。

[1]　この文章からわかる「十月ざくら」の特徴は何か。
　1　春に、一度に多くの花をさかせるさくらである。
　2　冬の寒い間、少しずつ花をさかせるさくらである。
　3　むかしから人々に愛されてきたさくらである。
　4　冬の寒い時期に、たくさんの花をさかせるさくらである。

4-3

　オリンピックで、柔道の表彰式を見て思ったことがある。金メダル(注1)と銅メダルは、それぞれ、最後の試合に勝ってもらうもの。しかし、銀メダルは、最後の最後で負けてもらうものだ。そのせいか、順位は銅メダルの選手より上のはずなのに、銀メダルの選手は、銅メダルの選手より暗い表情の人が多いように感じる。

　しかし、負けて学ぶことは勝って学ぶことより多いはず。くやしい思いは人を動かす強い力にもなる。そう思うと、負けてもらう銀メダル、悪くないと思う。

(注1) メダル＝すぐれた成績の人におくられる記念の品

1　この文章で、最も言いたいことは何か。
 1　銀メダルは、負けてもらうものだから価値が低い。
 2　金メダルと銅メダルは、勝ってもらうものだから価値が高い。
 3　銀メダルは、応援している人をがっかりさせるので、よくない。
 4　銀メダルは、くやしい思いもするけれど、学ぶことも多い。

4-4

朝風レイナ　コンサート券　予約発売のお知らせ

今年の夏、全国10カ所でレイナのコンサートが行われます。
会員のみなさんから先に、コンサート券の予約を受け付けます。

● 受け付け開始：3月12日（土）　午前10時〜
● 受け付け方法：ホームページからお申し込みください。
　※値段は、会員の場合、一般価格の10パーセント割引になります。
　※3コンサート以上、申し込んだ方は、合計金額からさらに1000円安くいたします。

1　会員のAさんは、3カ所のコンサートに行こうと思っている。一般価格5000円の券を3枚買うと、いくらになるか。

　1　1万5000円
　2　1万3500円
　3　1万2500円
　4　1万0000円

4－5

　あなたが、小学校の子どもの親だとしましょう。その子どもが学校から、100点満点で90点のテストを持って帰ってきて、あなたに見せました。そのときあなたは「がんばったね」と自分の子どもをほめてやりますか、それとも「どうしてあと10点取れなかったの」と、しかりますか。正解はありません。親にとって、自分の子どもが、「よくやった」と言われて伸びるタイプの子どもか、「もっとがんばれ」と言われて伸びるタイプの子どもかを、日ごろから観察しておくことこそが大切なのです。

[1]　この文章で、著者が最も言いたいことは何か。
1　子どもに、成績の話をするときは、子どものころの自分の成績をよく思い出すべきだ。
2　がんばっている子どもであっても、「もっとがんばれ」と言ってやるのが、親の役目だ。
3　自分の子どもの成績と、他の子どもの成績とを比べて考えることが大切である。
4　子どもがやる気を出すのはどんなときかを知っている親であってほしい。

4-6

　　当図書館の研修室のご利用にあたり、次のことにご注意くださいますよう
　　お願い申し上げます。

① 有料でのセミナーなどビジネスを目的としたものは固くお断りいたします。
② 荷物のお預かりは一切いたしません。ご理解ください。
③ ペットボトル型以外の飲み物は禁止です。
④ 利用時間（準備・片付けを含む）を必ずお守りいただけますようお願いいたします。
⑤ 話し声の大きさにはご注意願います。

[1]　この注意事項について、正しいものはどれか。

1　あらゆる飲み物が禁止されている。
2　入場料が必要な集会には使えない。
3　荷物の一時預かりのサービスが利用できる。
4　準備や片付けにかかる時間は利用時間に含まれない。

問題5 内容理解：中文
【300字程度の文章を読み、質問に答える問題】

問題　つぎの文章を読んで、質問に答えなさい。答えは1・2・3・4から最もよいものを一つえらびなさい。

5－1

　日本でよく飲まれている飲み物に緑茶があります。緑茶は、茶の木の葉をつんで熱を加えて蒸し、発酵(注1)させないようにしたもの。蒸した葉をもんで乾かして作り、その葉にお湯をそそいでいれます。ちなみに(注2)、もまずに乾かして細かい粉にしたものが、茶道で使われる抹茶です。そして、実は、紅茶も、緑茶と同じ植物から作られるもの。違うのは葉をつんだあと、熱を加えず、完全に発酵させるところです。
　緑茶は、今では、スーパーやコンビニに行くと、ペットボトル(注3)入りのものがたくさん売られていますが、もともと買って飲むものではなく、家でいれて飲むものでした。緑茶が売られるようになったのは約20年前のこと。ある飲料メーカーが缶入りの緑茶を出したのがきっかけでした。甘い成分が入っておらず、健康によいということから、今では緑茶はミネラルウォーター(注4)と並んで最もよく売れている飲み物になりました。

(注1)　発酵＝目に見えない小さい生物の働きを利用して食べ物をつくること
(注2)　ちなみに＝ついでに言うと、足して言うと
(注3)　ペットボトル＝プラスチックでできた容器
(注4)　ミネラルウォーター＝容器につめた飲み水

1 「緑茶」と「紅茶」の違いは、どんなことだと言っているか。
　1　つみ取ったあと、熱を加えて発酵させないのが緑茶、熱を加えず完全に発酵させるのが紅茶
　2　つみ取ったあと、細かく粉にしたのが緑茶、熱を加えて発酵させたのが紅茶
　3　つみ取ったあと、熱を加えないで発酵させたのが緑茶、熱を加えたのが紅茶
　4　つみ取ったあと、熱を加えてよくもんだのが緑茶、熱を加えてもまないのが紅茶

2 「緑茶」は、20年前とくらべ、どのようなものになったと言っているか。
　1　ペットボトルに入れて、いつも持って歩くものになった。
　2　ミネラルウォーターと同じように、買わないと飲めないものになった。
　3　自分でいれて飲むものから、自分で作って売るものになった。
　4　家でいれて飲むものから、買って飲むものになった。

3 「緑茶」は、どうしてよく売れている、と言っているか。
　1　家でいれた緑茶より、買った緑茶のほうがおいしいから。
　2　甘い成分が入っていなくて、健康によいと考えられているから。
　3　水を飲むよりも、緑茶のほうがおいしいから。
　4　家でいれるより、買ったほうが安いから。

5－2

　日本には、「学習まんが」という本がある。歴史や経済など、学習する内容を文字ではなく、まんがで示したものだ。文字だけの本を読むのは苦手で勉強する気になれないという子ども向けに作られたものが多いが、大人向けの「学習まんが」もある。

　まんがとはいっても、学習まんがの場合、その内容は専門家がきちんとチェックしていて、しっかりと学べるようになっている。しかし、大人の場合、教えるほうも学ぶほうも、まんがで勉強することには、否定的な人もいるようだ。そういう人は、心のどこかで「文字で勉強するほうがレベルが高い」と考えていないだろうか。最終的に、その知識が身につけばいいのだから、まんがのほうがよく理解できて覚えやすいなら、それはその人にとってよい学習方法と言えるだろう。学ぶ方法にレベルの高い、低いは関係ない。

[1] 「学習まんが」について、この文章で言っていることと違うのはどれか。
1 その多くは、文字を読むのがきらいな子ども向けに作られている。
2 まんがで勉強する大人はいないので、大人向けのものはない。
3 内容は、専門家が確認しているので、きちんとしたものが多い。
4 歴史や経済など、学習する内容がまんがでかかれている。

[2] まんがで勉強することについて、この文章と合っているのはどれか。
1 大人の中には、まんがで勉強することはよくない、と考える人がいる。
2 大人の中には、まんがで勉強するより、文字で勉強するほうが高度な知識を得られると考える人がいる。
3 子どもに、まんがで勉強させるのはよくない、と考える人がいる。
4 子どもも大人も、まんがではちゃんと勉強できない、と考える人がいる。

[3] まんがで学ぶことと文字で学ぶことについて、何と言っているか。
1 まんがで学ぶのは、文字で学ぶよりも、ずっとレベルが高い方法だ。
2 まんがより文字で学ぶほうが、大人の場合は、理解しやすく覚えやすい方法だ。
3 まんがでも文字でも、その人にとって理解しやすく覚えやすいのがよい方法だ。
4 まんがで学ぶのは、大人の場合、子どもくらべて、内容を覚えにくい方法だ。

5－3

　日本の有名な学習塾を始めた教育者が残した「もっといいものは、いつもある」ということばがあります。このことばを耳にして以来、①私の頭から去ることはありません。

　自分が作った物や自分がしたことについて「よくやった。がんばった」と評価したい気持ちはだれにでもあるでしょう。人が生きていくためには、それが大切であることは私も否定しません。自然なことだと思います。でも、自分のしたことに満足しているだけでは、人は②「今の自分以上のもの」になることはできません。それは、もったいない、残念なことではないでしょうか。

　ある会社の社長は『成功は一日で捨て去れ』というタイトルの本を書いています。この本の題名も、上で引用したことばと同じようなメッセージを、私に与えてくれます。

① ①私の頭から去ることはありませんとはどういうことか。
1 このことばの本当の意味が、わからない状態が続いている。
2 その教育者の思い出が浮かんで、消えないままである。
3 いつも何か忘れ物をしているような気持ちに悩まされている。
4 このことばの内容が、自分にとって大切なものになっている。

② ②「今の自分以上のもの」になるとはどうなることか。
1 現在よりも、身長や体重が増えること。
2 現在の収入よりもたくさんの収入をえるようになること。
3 今よりも、自分をさらに成長させること。
4 自分以外の人にも、思いやりを持って接することができるようになること。

③ この文章を書いた人が一番伝えたいことは何か。
1 人は、自分がしたことを、他人から常に高く評価されたいと思っているものだ。
2 過去の成功に満足せず、さらに自分の能力を伸ばそうとするべきだ。
3 与えられたものに満足せず、さらにいいものが与えられる時が来るのを待つべきだ。
4 成功の体験だけが、人を成長させるという事実を深く理解するべきだ。

5-4

　インターネットを使って何か調べることの長所の1つが、「必要な情報が、すぐに、そして豊富に示されることである」という事実を否定する人はあまりいないだろう。

　しかし最近、私はこの「長所」は、私にとって本当によいことなのか、と考えるようになった。

　具体的に述べよう。私は、もともと待つのが苦手だったのだが、インターネットを利用するようになって、ますます①それがひどくなった。また調べて出てきた情報を読み始めても、初めの部分がおもしろくなかったり、文の中に自分が理解できない表現が出てきたりすると、すぐに読むのをやめて、心の中で「次の情報！」と叫びながら、画面をクリックするようになった。だから、現在私が利用している情報は、自分にとって「食べやすい」物ばかりだ。

　柔らかくて食べやすい物ばかり食べていると、②かむ力が弱くなる、と聞いた。「食べにくい」物の中にも大切な情報があるだろう。私の悩みはしばらく消えそうにない。

1 ①それがひどくなったとは具体的にはどうなったのか。
1 インターネットを使って調べる機会がさらに多くなった。
2 以前よりさらに、時間がかかることにがまんできなくなった。
3 インターネットで調べることがひどいことだと思い始めた。
4 せっかく調べた事実をすぐに忘れてしまうようになった。

2 ②かむ力が弱くなるという表現で、筆者が言いたいことはどれか。
1 自分にとって難しいことを考える力が弱くなる。
2 あまりかまずに食べるため胃や腸に負担がかかる。
3 食べ物の本当のおいしさがわからなくなる。
4 ものごとの長所と短所を見分ける力がつかなくなる。

3 この文章で筆者が感じている疑問とはどんな疑問か。
1 インターネットを使わないほうが、社会のことがよくわかるのではないか。
2 インターネットを使わないでいると、社会の変化についていけなくなるのではないか。
3 インターネットを使うことによって、理解しやすい情報のみを利用するようになっているのではないだろうか。
4 インターネットの長所を、自分だけが理解できていないのではないだろうか。

5−5

　「村上監督の映画がだんだんおもしろくなってきた。」という文はどういう意味だと思うかを、日本語を学んでいる学生たちに聞いてみました。

　Aさんは「自分が若かったときは村上監督の映画をあまり高く評価していなかったけれども、①大人になって、彼の才能の大きさを思い知った、という意味だと思います」と答えてくれました。

　Bさんは「新人時代の村上監督の作品は、それほどおもしろくなかったけれども、ベテラン監督と呼ばれるようになった最近の彼の作品はとてもおもしろい、ということではないでしょうか」と言いました。

　Cさんは「村上監督ファンの彼とのデートで、②村上監督の映画を見せられたんです。最初は『つまらないなあ』と思いながら見ていたんですが、途中からだんだんおもしろくなって、最後は感動しました」という意味にも取れるのではないか、という興味深い考えを述べてくれました。他の学生からもいろいろな意見が出されました。

　「村上監督の映画がだんだんおもしろくなってきた」という文の意味を、みんなで考えたその日の授業は、なかなかにぎやかになりました。

1　①大人になって、彼の才能の大きさを思い知ったとはどういう意味か。
　　1　自分が大人になれたのは、村上監督の映画のおかげだと思うようになった
　　2　大人になるまで、村上監督が優れた映画監督だとわからなかった。
　　3　村上監督は、子ども向けの映画をつくるのがうまい監督だと思うようになった。
　　4　自分も大人になれば、村上監督のような才能が持てると確信した。

2　②村上監督の映画を見せられたんですということばは、言った人のどんな気持ちを表していると考えられるか。
　　1　村上監督の作品なんか、ぜんぜん見たくなかった。
　　2　村上監督の作品を見るチャンスを、やっと与えられた。
　　3　村上監督のファンである彼が、自分のことが好きなのだとわかった。
　　4　村上監督の映画を楽しもうと思った。

3　筆者はこの授業をしたことを、どのように思っていると考えられるか。
　　1　学生たちの日本語の力が、まだまだ十分ではないことに気づかされた。
　　2　学生たちに、日本語は難しいと思わせてしまったのではないかと反省した。
　　3　1つの文が、いろいろな意味を持つことがあることを学生に紹介できてよかった。
　　4　クラスがさわがしくなって、学生たちに迷惑をかけたのではないかと心配した。

言語知識（文法）・読解

問題6　内容理解：長文
【550字程度の文章を読み、質問に答える問題】

問題　つぎの文章を読んで、質問に答えなさい。答えは1・2・3・4から最もよいものを一つえらびなさい。

6-1

　日本の夏はむし暑い。特に東京では、夜になっても気温が30℃以下にならず、エアコン (注1) をつけないと眠れない、ということも多い。

　むかし、東京は、夕方になると海からすずしい風がふいて、自然と気温が下がったものだった。しかし、近年、海沿いに大きなビルが建ったために、海から風が入ってこなくなったと言われる。地面もアスファルト (注2) でおおわれているので、熱が吸収されない。人々は暑くてがまんできないのでエアコンをつける。すると、室外機から熱い空気が出て、それがますます気温を上げる。こうした悪い循環のために気温が下がらない。

　そんな暑い夏を少しでもすずしく過ごすための、①自然を利用した工夫がある。例えば「グリーンカーテン」というものがある。夏の間、葉がよく生い茂る植物を育てて窓の外側をおおい、部屋の中に日差しが入るのを防ぐものだ。植物から水蒸気 (注3) が出るので、それも部屋の気温を下げる働きがある。学校や自治体 (注4) で取り入れているところが増えている。

　また、「打ち水」も注目されている。これはむかしから日本にあった習慣で、庭や道路に水をまき、その気化熱 (注5) を利用して気温を下げるもの。まく水は水道水ではなく、ふろの残り湯や雨水をためて使う。最近は多くの人が参加して打ち水をするイベントもある。

　すずしく過ごすためにエアコンよりも自然の力と知恵を使おう。②それには少しがまんも必要だけれども。

（注1）エアコン = air conditioner、エアコンディショナーを短く言ったもの。部屋の温度や空気の調節をする機械

(注2) アスファルト＝asphalt、道路を走りやすくするために、道路の上をおおうもの。石油から作られる
(注3) 水蒸気＝水が気体になった状態のもの
(注4) 自治体＝ここでは町や市など
(注5) 気化熱＝水が蒸発する（液体から気体になる）ときに熱が奪われること

1 東京の夏が暑くなった理由として、ここで言っていないのはどれか。
1 エアコンの室外機から熱い空気が出ること
2 アスファルトで地面がおおわれていて熱が吸収されないこと
3 海沿いに大きなビルが建って海から風が入らなくなったこと
4 部屋の中に日差しが入るのを防ぐ工夫をしなくなったこと

2 ①自然を利用した工夫とは、ここではどのようなことか。
1 植物を育てて、部屋の気温を下げること
2 海からの風を入れて、東京の気温を下げること
3 降った雨を使って、植物を育てること
4 太陽の光を使って、部屋を明るくすること

3 「打ち水」の説明として、文章と合っているのはどれか。
1 冷えた水道水を庭や道路にまくことである。
2 自治体が指定した日と時間に水をまくことである。
3 ふろの残り湯や雨水をためてまくことである。
4 雨が少ない時に庭や道路に水をまくことである。

4 ②それとは、何を指すか。
1 エアコンの設定温度が低い部屋にいること
2 頭を使って、すずしくする方法を考えないといけないこと
3 自然の力と知恵ですずしく過ごすこと
4 打ち水をするために、ふろの残り湯や雨水をためなければならないこと

6-2

　健康な体になるか、病気をしやすい体になるかは、食べ物の影響が大きいというのはみなさん、よくおわかりでしょう。

　ところで、東洋の医学では、食べ物を、①その性質によって、3つに分けていることを知っているでしょうか。体を温める物を「陽」、体を冷やす物を「陰」、そして、どちらでもない物を「平」と分けているのです。

　その食材が、どの性質を持つのかを見分けるための目安を紹介しましょう。まず②「陽」の食べ物は、寒い地方が産地で、主に冬が旬(注)の物。また、地面の中でできる食べ物もこれに当てはまります。例えば、ニンジンや玉ネギ、ショウガなど。一方、「陰」は、暑い地方が産地の物、夏が旬の物。また、固い物より柔らかい物のほうが体内に入ったときに水分を含みやすいので、「陰」に分類されます。水分が多いと体を冷やすことになるからです。「陰」の食べ物としては、例えばキュウリやトマト、スイカなどがあげられます。「平」に分類されるのは、トウモロコシ、大豆、ジャガイモなどです。

　ただし、これは目安なので、例えば、「陰」の食べ物でも、熱を加えて料理すると体を温める食べ物になったり、組み合わせる物によっても性質が変わったりすることがあります。

　私たちは自然に、夏は水分が多く体を冷やす食べ物を食べ、冬は体を温める食べ物を食べて調節をしています。また、この性質をうまく利用して体の調子をよくすることもできます。例えば手足が冷たくてしかたないという冷え性の方は、夏もできるだけ体を温める食べ物を食べるようにしたほうが冷え性を改善できます。冷え性の方は試してみてください。

（注）旬=魚や野菜などの食べ物が、最も味のよい時期

1 ①その性質に当てはまるのはどれか。
1 体を温めるか、冷やすか。
2 体を健康にするか、病気にしやすくするか。
3 水分を含むか、水分を含まないか。
4 体の栄養になるか、ならないか。

2 ②「陽」の食べ物に当てはまらないのはどれか。
1 暑い所でとれるもの
2 冬が旬のもの
3 地面の中でできるもの
4 固いもの

3 冷え性の人にいいと言っているのはどれか。
1 夏は水分の多いキュウリを食べること。
2 夏も「陽」の食べ物を食べること。
3 冬は「陰」の食べ物を食べること。
4 夏も冬も大豆を食べること。

4 本文と合っているものはどれか。
1 「陽」の食べ物を冷え性の人が食べるときは、必ず加熱する。
2 「陽」と「陰」の食べ物をバランスよく食べることが必要だ。
3 「陰」の食べ物でも、熱を加えると「陽」の性質になることがある。
4 「陰」の食べ物に熱を加えても、基本的な性質は変わらない。

6-3

　「循環型社会」という言葉を聞いたことがあるでしょうか。簡単に言えば、資源を効率よく使って生産し、生産された物がごみになったら、それをもう一度、資源として利用して生産に使う仕組みができている社会のこと。

　これを支える基本的な考え方が「3R」です。3Rとは「リサイクル（recycle）」「リデュース（reduce）」「リユース（reuse）」のことです。

　まず、「①リサイクル」は「再循環」。ごみとなった廃棄物(注)を利用して資源をつくり出す、という意味です。ただし、資源をリサイクルするためには、ほかの資源やエネルギーが消費されます。例えば、古新聞を集めて、そこから紙を作る場合、古新聞をとかすときに薬品や熱が必要です。効率よくリサイクルを進めるためには、技術開発が欠かせません。

　次の「②リデュース」は「削減」です。ごみをできるだけ減らそうという考え方で、例えば、余計な包装をやめる、買い物に行くときに袋を持っていき、新しい袋はもらわないようにする、などがこれに当たるでしょう。

　3つ目の「リユース」は「再利用」と訳されます。同じ製品を繰り返し使う、という考え方で、例えば、洗剤がなくなったときに、容器はそのまま利用して中の洗剤だけを買うといったことが、これに当たります。

　③こうした取り組みを1人1人が行うことは大切ですが、限界があります。自治体や企業も加わって社会全体として取り組んでいくことで効果が大きくなると言えるでしょう。

（注）廃棄物＝ごみ

1 ①「リサイクル」について、本文と合っているのはどれか。
　1　生産された物を資源にして、新しいエネルギーを生み出すこと。
　2　古い新聞から、最新の技術を使って熱エネルギーを生み出すこと。
　3　生産された物がごみになったときに、それを使って資源をつくること。
　4　ごみになった物を集めて燃やし、その熱で資源をつくること。

2 ②「リデュース」に当てはまらないと考えられるのはどれか。
　1　もらったプレゼントが包まれていたきれいな包装紙や袋を集める。
　2　人にプレゼントを贈るときに、余分な紙で包まないで持っていく。
　3　デパートで買い物をしたときに、包装紙で包むのを断る。
　4　買った商品を、店の袋ではなく、自分が持っていった袋に入れて持ち帰る。

3 ③「こうした取り組み」に当てはまらないものはどれか。
　1　中身のなくなった洗剤の容器を繰り返し使うこと
　2　派手な色を使った包装紙や袋を使わないこと
　3　古新聞を集めて資源ごみとして捨てること
　4　買い物に行くときに、袋を持っていくこと

4 「循環型社会」について、本文と合っていないのはどれか。
　1　循環型社会とは、資源を効率よく使って生産する仕組みのことだ。
　2　循環型社会をつくるには、「3R」という考え方が基本となる。
　3　循環型社会を実現するには、リサイクルできる資源がまだ足りない。
　4　循環型社会は、個人、企業、自治体が参加することで効果が上がる。

6−4

　インターネットが発達し、私たちは簡単に、さまざまな情報をえることができるようになっている。新聞やテレビといったマスメディアがサイトを持ち、24時間、ニュースを発信している。また、これまでは限られた大学の図書館でしか見られなかった論文も電子化され、公開されている。さらに、個人が情報を発信することも簡単になっているため、ブログなどを使って、人々は自分の考えを書いて公開している。①そこにはないものはない、と言ってもいいぐらいだ。

　しかし、情報を簡単にえたり発したりできるからこそ、必要になるものがある。それが「②メディアリテラシー」だ。メディアリテラシーとは、情報をそのまま信じるのではなく、必要な情報を引き出し、それが本当かうそかを見抜いた上で活用する能力のことを言う。

　発信された情報には多かれ少なかれ、書いた人の考え方や見方が入っているものだ。だから、受け手側は、最初からかたよっているものと思って読んだり見たりする必要がある。

　これは、個人が書いているブログだけでなく、新聞もテレビも同じことだ。なぜか人々は、新聞やテレビの言うことは信じてしまいがちだが、人がつくっている以上、そうではない。むしろ、③それを疑うぐらいでちょうどいい。そして、インターネットなどを利用して、さまざまな情報を得て自分で判断する。そういう力をつけなければならない。

1 ①そことはどこか。
   1 テレビ、新聞のサイト
   2 大学の図書館
   3 個人が書くブログ
   4 インターネット

2 ②「メディアリテラシー」について、本文と合っているものはどれか。
   1 ブログなどで文章を書いて、わかりやすく説明する能力
   2 必要な情報を探し、本当かそうではないか、判断する能力
   3 正しい情報がある場所を探し、それを人に広めることができる能力
   4 たくさんある情報を集めて、わかりやすくまとめる能力

3 ③それを疑うぐらいでちょうどいいのは、どうしてか。
   1 新聞もテレビも、発信した人の考え方が入ってかたよっているかもしれないから。
   2 新聞もテレビも、本当のことを知っていても、言っていないかもしれないから。
   3 新聞とテレビの情報は、個人のブログの情報を元にしているかもしれないから。
   4 新聞とテレビは、早く伝えるために、間違った情報を出しているかもしれないから。

4 本文の内容と合っているのはどれか。
   1 新聞でもテレビでも、発信されている情報をそのまま信じてはいけない。
   2 個人のブログに書かれていることは、正しくても信じてはいけない。
   3 新聞とテレビは、個人のブログよりもかたよった情報を発信しないと考えられる。
   4 個人のブログは、新聞やテレビよりも正しいことを言っていることもある。

問題7　情報検索
【600字程度の文章から、必要な情報を読み取り、質問に答える問題】

7-1
問題　つぎの文章は、あるカルチャーセンターの講座案内である。下の質問に答えなさい。答えは1・2・3・4から最もよいものを一つえらびなさい。

1　チャンさんは4月から8月まで日本にいる。その間に日本文化に関するものを学んでみたいと思っている。どれがよいか。
1　AかE
2　BかC
3　CかE
4　CかF

2　田中さんは、料理をつくる講座とダンスの講座に前半だけ通う。料金はいくらか。
1　5万円
2　4万5000円
3　3万3000円
4　2万8000円

3　料理が好きな小林さんは、自分で食べるものを育てたいと思っている。まず短い期間で勉強したい。最もよいのはどれか。
1　A
2　B
3　C
4　F

カルチャー講座のご案内

	講座名	内容	授業のある日時	料金
A	野菜づくりを楽しもう！	野菜の上手な育て方を教えます。教室での授業と畑での実習があります。畑で一緒に汗をかきましょう！	4月10日～来年2月12日まで（月2回土曜・全20回） 午前10時～午後2時	5万円
B	ハーブを育てて食べる	ベランダでもかんたんに育てられるハーブ（注）。育て方と、ハーブを使った料理を紹介します。 ※料理はつくりません。	4月6日～5月25日（第1・3月曜・全4回） 午前10時～12時	1万円
C	野菜をおいしく食べよう！	野菜をたくさん食べられる日本の伝統料理をつくります。	4月9日～30日 毎週金曜（全4回） 午後6時半～8時半	1万5000円
D	中国の体操	中国伝統の体操で、体をやわらかくしましょう。激しい運動ではないので、だれでも参加できます。	4月7日～7月14日（第2・4水曜） 昼：午前10時～12時 夜：午後7時～9時	2万円
E	武道でダイエット	柔道や相撲など、日本の武道の動きを取り入れた運動で、すっきりやせましょう。	4月12日～10月18日（毎週月曜・全20回） 午後6時半～8時半	5万円
F	踊りとダンス	前半は日本の、後半は世界の踊りとダンスについて、歴史を学びます。実際に劇場に見に行く回もあります。	前半：4月9日～7月23日 後半：9月10日～12月24日 毎週金曜日 午後6時～8時 （全18回） ※前半だけ、後半だけでも可	3万5000円 ※前半だけ／後半だけ各1万8000円

（注）ハーブ＝香りのよい植物

7−2

問題 つぎの文章は、「外国人のボランティア募集の案内」です。下の質問に答えなさい。答えは1・2・3・4から最もよいものを一つえらびなさい。

中国出身の留学生のユンさん（24歳）は、授業がない日にボランティア活動をしようと考えている。授業がないのは月曜と木曜で、日本語は上級レベルだ。自宅にはパソコンがない。

---

[1] ユンさんが応募できる活動はいくつあるか。

1　2つ
2　3つ
3　4つ
4　5つ

[2] ユンさんは、面接のときに、何を用意していったらよいか。

1　記入した申込書・顔写真2枚
2　記入した申込書・印かん
3　記入した申込書・印かん・500円
4　顔写真2枚・印かん・500円

市内に住む外国人の方へ
ボランティアを募集します。

【応募資格】
①市内に住む16歳以上の外国人の方。国籍は問いません。
②日本語ができる方。日本語のレベルはボランティア内容によります。

【応募方法】
まず、電話かメールで6月30日までにご連絡ください。申込書をお送りします。7月5日～15日の間に1度、面接をしますので、その申込書を記入して持ってきてください。また、顔写真2枚もご用意ください。
7月25日に全体の説明会をします。そこでボランティア活動をすることを決めた方にはボランティア保険に入っていただきます。費用500円と印かんを持ってきてください。
電話：04△-5555-777△／メール：fvol@△△△.co.jp

【募集しているボランティア】

1 **翻訳** 市や学校からのお知らせを翻訳する。自宅で作業をしていただくので、自宅にパソコンのある方。日本語力上級の方。

2 **通訳** 病院での通訳。急にお願いすることがあるので、時間が自由な方。日本語力上級の方。

3 **生活相談** 日本で生活する上で困っていることがある人の相談を受ける。
活動日：月・水・金曜の午後1時～4時／土・日曜の午前10時～午後3時
上記の時間帯のなかから週に3時間、活動できる人。日本語力は中級でも可。

4 **文化紹介** 日本人を対象に、自分の国の文化（料理、音楽、遊びなど）を紹介する。
活動日：火・木曜の午前10時～12時／土・日曜の午後1時～5時
上記の曜日・時間のなかから週1回以上できる方。日本語は初級でも可。

5 **子どもの学習支援** 日本語のわからない子どもに勉強を教える。
活動日：月～金の午後3時～7時、土・日曜日の午前10時～午後3時
上記の曜日・時間のなかから週1回以上できる方。日本語力は中級以上。

7-3

問題 つぎの文章は、ある旅行会社がつくった「工場見学ツアーのパンフレット」です。下の質問に答えなさい。答えは1・2・3・4から最もよいものを一つえらびなさい。

[1] 夏休みに大人1人と子ども2人（10歳と5歳）の3人で、日帰りで工場見学に行きたいと考えている。一番料金が安くなるのはどれか。

1　A
2　C
3　E
4　F

[2] 大学生4人（21歳2人と18歳、19歳）で、食べ物か飲み物をつくる工場を見学したい。期間は日帰りでも1泊2日でもよい。ただし、料金は1人1万円以内にしたい。参加可能なものの組み合わせとして、正しいのはどれか。

1　A・C・E
2　B・C・E
3　A・B・E
4　B・C・F

[3] 8月10日から15日の間に、家族3人（夫34歳、妻32歳、子ども8歳）で、日帰りか1泊2日で旅行に行こうと考えている。工場見学だけではつまらないので、それ以外の所にも行けるものがいい。料金は3人合わせて3万円まで。候補となるものはいくつあるか。

1　1つ
2　2つ
3　3つ
4　4つ

工場見学に行こう！

今、大人気の「工場見学」。あなたはどの工場を見に行きますか？

	行き先・使用する交通機関・期間	料金	内容
A	チョコレート工場 （バス） 日帰り	お1人様8000円 ※お子様（12歳以下）は半額	チョコレートが作られる工程を見学。見学後に、チョコレートを試食できます。
B	ジュース工場＋動物園 （バス） 1泊2日	お1人様1万2000円 ※お子様（12歳以下）は6000円	◎1日目：ジュース工場の見学。最後にジュースが飲めます。 ◎2日目は動物園で15時まで自由行動。
C	ビール工場 （バス） 日帰り	お1人様8000円 ※お子様は、12歳以下は5000円 6歳以下は2000円	見学後、ビールの試飲（20歳以上の方）ができます。 ※19歳以下の方はジュース。
D	お酒工場＋温泉 （飛行機＋バス） 1泊2日	お1人様1万4000円 ※お子様（12歳以下）の参加はできません。	◎1日目の午後はお酒工場の見学。夜は温泉に泊まります。 ◎2日目は別のお酒工場の見学。 ※お酒の試飲は20歳以上の方のみ。
E	お酒工場 ＋海の幸食べ放題 （バス） 日帰り	お1人様1万円 ※お子様（6歳以下）は3000円	午前中はお酒工場の見学。昼食は海でとれる食材を使ったお料理（2時間食べ放題）を楽しみます。 ※お酒の試飲は20歳以上の方のみ。お子様にはジュースを差し上げます。
F	自動車工場と 新聞工場見学 （バス） 1泊2日	お1人様9000円 ※お子様（12歳以下）は5000円	◎1日目は自動車工場の見学。 ◎2日目は新聞工場の見学。 ※1人2000円をプラスしていただくと、1日目の夜は温泉ツアーに参加できます。

7−4

問題　つぎの文章は、アルバイト募集の案内です。下の質問に答えなさい。答えは1・2・3・4から最もよいものを一つえらびなさい。

[1]　英文科の大学生・田中さん（20歳）はアルバイトを探している。月曜の午後、水曜・木曜の午前は学校の授業がある。また、土曜日は別の店でアルバイトをしているのでできない。時給は950円以上を希望している。田中さんが応募できるアルバイトはいくつあるか。

1　2つ
2　3つ
3　4つ
4　5つ

[2]　高校生の山田さん（17歳）は、夏休みの間、アルバイトをしたいと考えている。働くことができるのは、午前10時〜午後6時までの間で1日4時間。ただし土曜と日曜のどちらか1日は休みにしたい。応募できるアルバイトをあげたものとして正しいのはどれか。

1　B・C
2　B・D
3　C・D・F
4　B・D・F

アルバイト募集！！

	内容	応募資格	勤務時間	時給	応募方法
A	塾講師 （英語・数学）	大学生の方。英語は英文科、数学は理数系学科の方	月〜金 17時半〜21時半。 週3日以上、来られる方	2000円	電話の上、履歴書を送ってください。後日、面接を行います。 電話：04△-5555-777△ （担当：小川）
B	スーパー・レジ係	16歳以上	月・火・土 午前10時〜午後2時 週3日全部来られる方	950円	電話の上、履歴書を送ってください。後日、面接をします。 電話：03-5544-888△ （担当：高田）
C	ウエイトレス	16歳以上 （高校生不可）	火・木・金 午後4時〜8時 週3日全部来られる方	900円	電話の上、履歴書送付。後日、面接。 電話：04△-2222-333△ （担当：下川）
D	コンビニ・レジ係	16歳以上 （③以外）	月・水・木で、右記の時間帯のうち、1日4時間できる方	①午前5時〜午前10時：950円 ②午前10時〜午後10時：900円 ③午後10時〜翌日午前5時：1000円 （高校生不可）	電話の上、面接。面接のときに履歴書を持ってきてください。 電話：04△-2255-225△ （担当：平田）
E	パソコン事務	18歳以上	月〜金 午前10時〜午後6時 ※週4日以上来られる方	1000円	メール（下記）で履歴書送付。追って面接。 tokyo-jimu@△△△.com
F	遊園地乗り物の係員	16歳以上	土・日 午前9時半〜午後5時 ※どちらか1日でも可	1000円	メール（下記）で履歴書を送ってください。後日、面接。 yuen_info@△△△.com

第3部
聴解

問題1　課題理解

【課題解決に必要な情報を聞き取り、適切な答えを選ぶ問題】

問題　まず質問を聞いてください。それから話を聞いて、問題の1から4の中から、正しい答えを一つ選んでください。

1番　Disc 1-1

1　質問を考える
2　工場の歴史を調べる
3　工場に連絡する
4　先生と一緒に工場に行く

2番　Disc 1-2

日	月	火	水	木	金	土
		1	2	3	4	5
6	7	8	9	10	11	12
13	14	15	16	17	18	19
20	21	22	23	24	25	26
27	28	29	30			

1　2日
2　3日
3　14日
4　17日

3番 Disc 1-3

1 転出証明書をもらう
2 はんこを買う
3 住民課に行く
4 パスポートを取る

4番 Disc 1-4

1 8時10分
2 8時15分
3 8時35分
4 8時45分

5番 Disc 1-5

1 履歴書と写真
2 履歴書と承諾書
3 学生証と写真
4 はんこと承諾書

6番 ◉ Disc 1-6

1 白い部分を水にぬらす
2 白い部分を乾いた布でふく
3 白い部分を曲げる
4 白い部分に火をつける

7番 ◉ Disc 1-7

		収集日	
		A地区	B地区
燃えるごみ	生ごみ　いるい　木やおちば	月・木	火・土
燃えないごみ	ガラス　アルミフォイル　電池	第1・3水	第2・4水
資源ごみ	ビン　缶　ペットボトル　新聞紙	土	金

1 水曜日
2 木曜日
3 金曜日
4 土曜日

8番 Disc 1-8

○：空席あり　×：空席なし

列車名	発車 （東京）	到着 （新大阪）	禁煙	喫煙
のぞみ	11:58	14:34	×	○
ひかり	12:00	15:00	○	○
のぞみ	12:23	14:56	×	○
のぞみ	12:30	15:06	○	○
ひかり	12:33	15:30	○	○

1　12時00分発
2　12時23分発
3　12時30分発
4　12時33分発

9番 Disc 1-9

1　切手20枚・普通はがき30枚
2　切手10枚・往復はがき30枚
3　切手20枚・往復はがき30枚
4　切手10枚・普通はがき30枚

10番 Disc 1-10

1　シャツをクリーニングに出す
2　コンビニで飛行機代を払う
3　銀行でお金をおろす
4　旅行会社に行って飛行機代を払う

11番 Disc 1-11

1　スーパーでいすを買う
2　スーパーに女の人を迎えにいく
3　幼稚園にサトルを迎えにいく
4　幼稚園にいすを届ける

12番 Disc 1-12

13番 Disc1-13

1 カードに名前と住所を書く
2 紙に交通費を書く
3 面接をした人に交通費を書いて渡す
4 出口で交通費をもらう

14番 Disc1-14

スーパー○○屋　大安売り!!

A トイレットペーパー
B はみがき粉
C 石けん
D 洗濯用洗剤
E シャンプー

1　B・C・E
2　A・C・D
3　A・B・C
4　C・D・E

15番

1　高木駅からバスで行く
2　新大川駅からバスで行く
3　新大川駅から急行で行く
4　新大川駅から各駅停車で行く

問題2 ポイント理解
【聞き取るべきポイントを理解して聞き、適切な答えを選ぶ問題】

問題　まず質問を聞いてください。その後、問題を見てください。それから話を聞いて、問題の1から4の中から、正しい答えを一つ選んでください。

1番 ◎ Disc 1-16

1　彼女からの贈り物だから
2　黄色が好きだから
3　金持ちになりたいから
4　かばんの中で見つけやすいから

2番 ◎ Disc 1-17

1　好きな人と別れたから
2　自由に写真をとりたいから
3　友だちといてもつまらないから
4　本をゆっくり読みたいから

3番 Disc 1-18

1 遅くまで勉強をしていたから
2 疲れすぎていたから
3 映画を最後まで見たから
4 心配なことがあったから

4番 Disc 1-19

1 内容をはっきり言う
2 興味のありそうな人をさそう
3 その場ですぐに返事はもらわない
4 映画が好きそうな人をさそう

5番 Disc 1-20

1 気持ちがお互いにわかるから
2 1人暮らしでさみしいから
3 世話が楽だから
4 留守を守ってくれるから

6番 Disc1-21

1 物の値段が下がっているから
2 安くても流行を取り入れているから
3 交通が便利な都会に店があるから
4 人気の商品を集めて売っているから

7番 Disc1-22

1 悪いのは親なのに、子どもは自分が悪いと思うこと
2 父親や母親になぐられる子どもが多いこと
3 食事を与えられない子どもが増えていること
4 小さい子どもが悪い親に育てられること

8番 Disc1-23

1 使い方がわからないから
2 説明がわかりにくいから
3 操作方法が変わったから
4 パソコンの動きが遅いから

9番 Disc1-24

1 大きな声を出すこと
2 しかった後、かげでほめること
3 ほかの人がいないときにしかること
4 しかった後、みんなの前でほめること

10番 Disc1-25

1 お酒を飲んでいたから
2 仕事が終わらなかったから
3 後輩が仕事を失敗したから
4 お客さんのところに行ったから

11番 Disc1-26

1 難しい言葉をわかりやすく説明すること
2 まんがで全部、説明すること
3 子どもに法律をわかってもらうこと
4 絵や図を多く使うこと

12番 Disc1-27

1　肉と野菜を小さく切ること
2　肉より野菜を先に切ること
3　肉と野菜を別のまな板で切ること
4　肉と野菜をよく焼くこと

13番 Disc1-28

1　男の人の彼女
2　男の人
3　男の人の父親
4　男の人の母親

14番 Disc1-29

1　奥さんが早く帰るように言っているから
2　娘が早く帰らないと心配するから
3　奥さんと娘と一緒に出かけるから
4　娘が結婚する人を連れてくるから

聴解

15番 Disc1-30

1 水の中に落としてしまったから
2 ボタンが小さくて使いにくかったから
3 電話番号を変えたかったから
4 利用料金を安くしたかったから

問題3　概要理解
【話全体から話し手の意図や気持ちを聞き取る問題】

問題　問題用紙には何も印刷されていません。まず話を聞いてください。それから質問と選択枝を聞いて、1から4の中から、正しい答えを一つ選んでください。

1番　Disc 2-1

メモ

2番　Disc 2-2

メモ

3番　Disc 2-3

メモ

4番 Disc 2-4

メモ

5番 Disc 2-5

メモ

6番 Disc 2-6

メモ

7番 Disc 2-7

メモ

8番 Disc 2-8

メモ

9番 Disc 2-9

メモ

10番 Disc 2-10

メモ

11番 Disc 2-11

メモ

聴解

12番 Disc2-12

メモ

13番 Disc2-13

メモ

14番 Disc2-14

メモ

聴解

問題4　発話表現
【音声を聞きながらイラストを見て、状況や場面に適切な表現を選ぶ問題】

問題　絵を見ながら、質問を聞いてください。それから正しい答えを1から3の中から一つ選んでください。

1番　Disc 2-15

2番　Disc 2-16

99

聴解

3番 Disc2-17

4番 Disc2-18

5番 Disc2-19

6番 Disc2-20

7番 Disc2-21

8番 Disc2-22

聴解

9番 Disc2-23

10番 Disc2-24

11番 Disc2-25

12番　Disc2-26

13番　Disc2-27

14番　Disc2-28

15番 Disc2-29

16番 Disc2-30

17番 Disc2-31

問題5　即時応答
【短い発話に対し、適切な応答を選ぶ問題】

問題　問題用紙には何も印刷されていません。まず文を聞いてください。それからその返事を聞いて、1から3の中から正しい答えを一つ選んでください。

1番　Disc2-32

メモ

2番　Disc2-33

メモ

3番　Disc2-34

メモ

4番 Disc2-35

メモ

5番 Disc2-36

メモ

6番 Disc2-37

メモ

7番 Disc2-38

メモ

8番 Disc2-39

メモ

9番 Disc2-40

メモ

10番 Disc2-41

メモ

11番 Disc2-42

メモ

12番 Disc2-43

メモ

13番 Disc2-44

メモ

14番 Disc2-45

メモ

15番 Disc2-46

メモ

聴解

16番 Disc2-47

メモ

17番 Disc2-48

メモ

18番 Disc2-49

メモ

19番 Disc2-50

メモ

20番 Disc2-51

メモ

21番 Disc2-52

メモ

22番 Disc2-53

メモ

23番 Disc2-54

メモ

24番 Disc2-55

メモ

25番 Disc2-56

メモ

執筆者紹介

●青山豊 [あおやま　ゆたか]
大阪外国語大学（現・大阪大学外国語学部）英語科卒。日本語教育能力検定試験合格。高校英語教師、民間国際交流団体職員、出版社勤務、『新版　日本語教育事典』（大修館書店、2005）編集補佐、日本語教師養成講座担当などを経て、日本語教師に。共著書に『《日本留学試験対策》記述問題テーマ100 [改訂版]』（凡人社、2010）がある。

●青山美佳 [あおやま　みか]
成城大学文芸学部マスコミュニケーション学科卒。日本語教師養成講座修了後、日本語教育能力検定試験合格。出版社勤務などを経て、フリーランス編集者・ライターに。共著に『新出題基準対応　日本語能力試験1級聴解』（韓国・時事日本語社、2007）、『精準預測日能測験1級　聴解』（台湾・大新書局、2006）、『マンガで学ぶ日本語表現と日本文化－多辺田家が行く！』（アルク、2009）。2007年、青山豊と「青山組」を結成。

編集協力

●英語翻訳
　渡辺レイチェル

●中国語翻訳
　許　征（国書日本語学校）

●韓国語翻訳
　徐宝覧

●イラスト
　花色木綿

●CD制作
　高速録音株式会社

●ナレーター
　山中一徳
　久末絹代

日本語能力試験N3　予想問題集 [改訂版]

2011年9月20日　初版第一刷　発行
2019年7月 1日　初版第四刷　発行

国書日本語学校　編
（執筆者＝青山豊・青山美佳）

発　行　者　　佐藤今朝夫
発　行　所　　国書刊行会
〒174-0056　東京都板橋区志村1-13-15
TEL. 03-5970-7421　FAX. 03-5970-7427
http://www.kokusho.co.jp

組版・装幀　株式会社シーフォース　川廷雅子・立川加奈子・池内勇作
印　　　刷　株式会社シーフォース
製　　　本　株式会社村上製本所

ISBN 978-4-336-05351-0
乱丁本・落丁本はお取り替え致します。
© 2011 Kokusho Japanese Language School, Yutaka AOYAMA, Mika AOYAMA

日本語能力試験 N3 予想問題集［改訂版］

国書日本語学校 編

別冊

解答・解説
聴解問題スクリプト

国書刊行会

# 解答・解説

第1部 言語知識(文字・語彙)

問題1 漢字読み

漢字には、音読み、訓読みがあります。両方の読み方を覚えましょう。特に、耳で聞いて覚えた音を、文字ではどう書くのか、きちんと確認することが大切です。また、熟語では、前後に来る漢字によって、特別な読み方をするものがありますから、注意しましょう。2つ以上の読み方のある漢字は出題されやすいので、熟語ごとにきちんと読み方を押さえましょう。

Japanese *kanji* characters have *on* and *kun* readings. You must learn both. It is especially important to properly learn how to write sounds you have already heard and learned. Further, because there are idioms that have special readings according to the *kanji* that come before or after them, you must be careful. *Kanji* that have more than two readings are likely to appear on the test so you must properly memorize idiomatic readings.

汉字, 既有音读也有训读。两种读音都要记住。好好确认把用耳朵听记的音写成文字时是什么样的, 这十分重要。还要注意, 在常用语中根据前后汉字不同, 会出现特别的读音。常常会考具有两个读音以上的汉字, 所以请好好记住每个常用语中汉字的读音。

한자에는 음독, 훈독이 있습니다. 양쪽 모두의 읽는 법을 기억합시다. 특히, 귀로 듣고 기억한 음을 문자로는 어떻게 쓰는지 확실하게 확인하는 것이 중요합니다. 또한, 숙어에는 전후에 오는 한자에 의해 특별하게 읽는 것도 있으므로 주의합시다. 두 가지 이상의 읽는 법이 있는 한자는 출제되기 쉬우므로 숙어마다 확실하게 읽는 법을 파악합시다.

【解答】

|1| 3 |2| 2 |3| 3 |4| 1 |5| 3

|6| 3 |7| 4 |8| 1 |9| 1 |10| 2

|11| 4 |12| 2 |13| 3 |14| 1 |15| 4

|16| 1 |17| 4 |18| 2 |19| 4 |20| 1

|21| 1 |22| 2 |23| 3 |24| 4 |25| 2

|26| 2

【解説】
(P.8)

|1| 3 ばめん
「場面」は「ばめん」と読む。「場」は「ジョウ／ば」と読む。例:会場／市場。「面」は「メン／おも・おもて・つら」と読む。例:地面／正面／面白い

|2| 2 あねふうふ
「姉夫婦」は「あねふうふ」と読む。「姉」は「シ／あね」と読む。「お姉さん」と書いたときは「おねえさん」と読む。例:姉妹。「夫」は「フ・フウ／おっと」と読む。「夫婦」のときは「フウ」と読むことに注意。例:夫妻／工夫 「婦」は「フ」と読む。例:婦人／主婦

|3| 3 けんきゅう
「研究」は「けんきゅう」と読む。最後の「う」があることを忘れないように。「研」は「ケン／と-ぐ」と読む。例:研修／米を研ぐ。「究」は「キュウ／きわ-める」と読む。例:究明／学問を究める

|4| 1 きんじょ
「近所」は「きんじょ」と読む。「近」は「キン／ちか-い」と読む。例:最近／接近 「所」は「ショ／ところ」と読む。「近所」の場合は「じょ」と読むことに注意。また、最後に「う」は付かない。例:住所／停留所／台所

|5| 3 けいけん
「経験」は「けいけん」と読む。最後の「ん」を落とさないように。「経」は「ケイ・キョウ／へ-る」と読む。「けいげん」と「゛」を付けないように。例:経済／神経 「験」は「ケン・ゲン」と読む。例:試験／実験

|6| 3 さんぜんえん
「三千円」は「さんぜんえん」と読む。「せんえん」が「せんねん」とならないことに注意。また、「千円」と書いた場合は「せんえん」だが、前に「三」がつくときだけ、「~ぜんえん」になることにも注意。

解答・解説

「三」は「サン／み・み-つ・みっ-つ」と読む。例：三角／三日　「千」は「セン／ち」と読む。例：千葉　「円」は「エン／まる-い」と読む。例：円周

(P.9)

⑦　4　しぜん
「自然」は「しぜん」と読む。「自」は「ジ・シ／みずか-ら」と読む。例：自分／各自　「然」は「ゼン・ネン」と読む。例：偶然／天然

⑧　1　さぎょう
「作業」は「さぎょう」と読む。「作」は「サク・サ／つく-る」と読む。「作業」のときの「作」は「さく」と読まないことに注意。また、後ろに来ることばによって「さっ」と読むこともある。例：作品／作家／作法／動作　「業」は「ギョウ／わざ」と読む。「ぎょう」の最後の「う」を落とさないように注意。例：授業／産業

⑨　1　かなし
「悲しすぎる」は「かなしすぎる」と読む。「悲」は「ヒ／かな-しい・かな-しむ」と読む。例：悲劇
参考：2　詳しい　3　優しい／易しい　4　難しい

⑩　2　じっこう
「実行」は「じっこう」と読む。「実」は「ジツ／み・みの-る」と読む。後ろに来ることばによって「じっ」となることがあるので注意。例：事実／実例／実感／実際

⑪　4　いのち
「命」は「いのち」と読む。ほかに「メイ・ミョウ」とも読む。例：命令／命じる／寿命　参考：1　体　2　金　3　親

⑫　2　としょ
「図書」は「としょ」と読む。「図」は「ズ・ト／はか-る」と読むが、「図書」の場合は「と」と読むことに注意。例：図形／地図　「書」は「ショ／か-く」と読む。例：書店／読書

⑬　3　そそぐ
「注ぐ」は「そそぐ」と読む。「注」は、ほかに「チュウ」とも読む。例：注意／注目　参考：2　防ぐ

⑭　1　きょうりょく
「協力」は「きょうりょく」と読む。「協」は「キョウ」と読む。例：協会　「力」は「リョク・リキ／ちから」と読む。例：強力／努力／力説

⑮　4　はたらいて
「働いて」は「はたらいて」と読む。「働」は、ほかに「ドウ」とも読む。例：労働　参考：1　動いて　2　書いて　3　聞いて

⑯　1　かさなる
「重なる」は「かさなる」と読む。「重」は、ほかに「ジュウ・チョウ／え・おも-い・かさ-ねる」と読む。例：重要／貴重／尊重

(P.10)

⑰　4　ひかり
「光」は「ひかり」と読む。「光」は、ほかに「コウ／ひか-る」と読む。意味が似ている読み方を間違えないように。参考：1　月　2　明かり　3　星

⑱　3　つごう
「都合」は「つごう」と読む。「都」は、ほかに「ト／みやこ」と読む。例：首都／都会　1つの漢字に、いろいろな読み方があるものは出題されやすいので注意。

⑲　4　にがて
「苦手」は「にがて」と読む。「苦」は、ほかに「ク／くる-しい・くる-しむ・くる-しめる・にが-る」と読む。

⑳　1　けいかく
「計画」は「けいかく」と読む。「い」が入ることに注意。「画」は、ほかに「ガ」と読む。例：画家

21　1　ねむい

「眠い」は「ねむ-い」と読む。「眠」は、ほかに「ミン」と読む。

22　2　さんち

「産地」は「さんち」と読む。「地」は、ほかに「ジ」と読む。「産」は「サン／う-む・う-まれる・うぶ」と読む。

23　3　じゅうぶん

この場合、「十分」は「じゅうぶん」と読む。意味は「かなりの分量、程度であること」。一方、「九時十分」のように時刻を表す場合は「じゅっぷん／じっぷん」と読む。

24　4　こっか

「国家」は「こっか」と読む。「国」の音読みは「コク」だが、後ろに来ることばによって「こっ」となることがあるので注意。「国」は、ほかに「くに」と読む。例：国会／国境　「家」は「カ・ケ／いえ・や」と読む。

25　2　ゆるして

「許して」は「ゆるして」と読む。「許」は、ほかに「キョ」と読む。例：許可／免許　参考：1　直して／治して　3　貸して　4　戻して

26　2　しゃっきん

「借金」は「しゃっきん」と読む。「借」の音読みは「シャク」だが、「借金」の場合は「しゃっ」となることに注意しよう。訓読みは「か-りる」。

問題2　表記

読み方が同じ漢字、文字の一部が同じで形が似ている漢字、意味が似ている漢字などが、きちんと区別できるかが主に問われる問題です。熟語の意味と読み方を押さえましょう。訓読みも出題されるので、読み方をきちんと覚えておくことが必要です。

This problem mainly tests whether you can differentiate between *kanji* that have the same reading, as well as *kanji* that have one part the same and similar shapes, and *kanji* that have similar meanings. You must memorize idiomatic meanings and readings. It is essential to properly memorize how to read *kanji* because there will also be questions asking *on* readings.

能否好好区分读音相同的汉字，文字的一部分形态相同相似的汉字，意义相近的汉字等等是主要将被提问的问题。请记住常用语的意思和读音。由于训读也会被考到，所以好好记住读音是必要的。

읽는 법이 같은 한자, 문자의 일부가 같고 형태가 비슷한 한자, 의미가 비슷한 한자 등을 확실하게 구별 할 수 있는지가 주로 물어지는 문제입니다. 숙어의 의미와 읽는 법을 파악합시다. 훈독도 출제되므로, 읽는 법을 확실하게 기억해 두는 것이 필요합니다.

【解答】

| 1 | 3 | 2 | 4 | 3 | 4 | 4 | 1 | 5 | 2 |

| 6 | 4 | 7 | 2 | 8 | 2 | 9 | 3 | 10 | 3 |

| 11 | 1 | 12 | 4 | 13 | 1 | 14 | 4 | 15 | 3 |

| 16 | 1 | 17 | 2 | 18 | 2 | 19 | 2 | 20 | 1 |

| 21 | 1 | 22 | 4 | 23 | 2 | 24 | 2 | 25 | 4 |

| 26 | 1 |

【解説】

(P.11)

1　3　普通

「ふつう」は「普通」と書く。「特にめずらしい点、変わったところがない様子」という意味。「普」は、ほかに「普及／普段」など。「通」は、ほかに「不通／交通／通路」など。

2　4　理解

「りかい」は「理解」と書く。「物事のしくみ、状況、意味、内容がわかる」という意味。「理」は、読み方が同じ「里」「利」などと間違えないように。

3　4　認めた

「みとめた」は「認めた」と書く。ここでの意味は「そうである、と受け入れる」。例：彼は、犯行を認めた。

解答・解説

4　1　停止
「ていし」は「停止」と書く。「動いているものが止まる」という意味。「停」は、ほかに「停車／停電」など。「止」は、ほかに「防止／中止／禁止」など。

5　2　語った
「かたった」は「語った」と書く。「ある程度、まとまった内容を話して聞かせる」という意味。

6　4　安全
「あんぜん」は「安全」と書く。「危険なことがなく、安心なこと」という意味。「あん」と読む字は「案」「暗」などがあるので、それぞれ熟語として、意味と一緒に覚えよう。「安」は、ほかに「安心／安定／不安」など。「全」は「完全／全部」など。

(P.12)
7　2　参加
「さんか」は「参加」と書く。「集まりや会などに加わること」。「参」は、ほかに「持参」など。「加」は、ほかに「増加／追加」など。

8　2　税金
「ぜいきん」は「税金」と書く。「国や自治体に払う金」。「税」は、ほかに「税関／免税」など。4の「現金」は「げんきん」と読む。1の「説」と形が似ているが、間違えないように。「説」は、ほかに「説明／解説」など。

9　3　事件
「じけん」は「事件」と書く。「犯罪や事故など、人々が話題にするようなできごと」。「事」は、ほかに「家事／事故」など。「件」は、ほかに「条件」など。1の「実験」は「じっけん」と読む。

10　3　忘れて
「わすれて」は「忘れて」と書く。ここでは「覚えていない、記憶がない」という意味。

11　1　連絡
「れんらく」は「連絡」と書く。「人に情報を知らせること」。同じく「れん」と読む2の「練」と間違えないように。「連」は、ほかに「関連／連続」など。「絡」は形が似ている「結」などと間違えないように。

12　4　薬品
「やくひん」は「薬品」と書く。「薬、薬として使われるもの」。「薬」は「楽」と形が似ているので間違えないように。「薬」は、ほかに「農薬／薬局」など。2の「薬物」は「やくぶつ」と読む。意味は似ているが、両方の読み方をきちんと押さえておこう。

13　1　乗せて
「のせて」は「乗せて」と書く。選択枝には意味が似ている漢字が並んでいることが多いので、漢字の読み方をきちんと押さえておこう。

14　4　対象
この場合の「たいしょう」は「対象」と書く。同じ読み方をする字でも、意味が違うので、文章の意味に合うものを選ぶ。「対象」は、「ある行為の目標となるもの」という意味。2も「たいしょう」と読むが、「2つのものを並べて比べること」という意味。

15　3　転び
「ころび」は「転び」と書く。「転」は、ほかに「テン」と読む。

16　1　指示
「しじ」は「指示」と書く。「指」も「示」も「し」と読むが、順番を間違えないように。4の「指図」は「さしず」と読む。

(P.13)
17　2　質問
「しつもん」は「質問」と書く。「門」のつく字はたくさんあるが、それぞれ意味と読み方を押さえよう。「開」は「カイ／ひら-く・ひら-ける・あ-く・あ-ける」、「問」は「モン／と-う・と-い」、「間」は「カン・ケン／あいだ・ま」、「聞」は「ブン・モン／き-く」。

18　3　汚れて

「よごれて」は「汚れて」と書く。「汚れて」は「けがれて」とも読む。また、「汚い」と書いた場合は「きたない」と読む。1の「割れて」は「われて」、2の「乱れて」は「みだれて」、4の「疲れて」は「つかれて」と読む。

19　2　単純

「たんじゅん」は「単純」と書く。「単」は音読みで「タン」。「短」は「タン／みじか-い」。4の「簡単」は「かんたん」と読む。

20　1　送別

「そうべつ」は「送別」と書く。「別れて行く人を送ること」という意味。形が似ている字は、細かいところに注意しよう。3の「逃」は「トウ／に-げる・のが-す」と読む。4の「選別」は「せんべつ」と読む。「選んでわけること」という意味。

21　1　募集

「ぼしゅう」は「募集」と書く。広くよびかけ、人や物を集めること。「募」は「ボ／つの-る」と読む。

22　4　長方形

「ちょうほうけい」は「長方形」と書く。「方」と「万」は似ているので間違えないように。3の「正方形」は「せいほうけい」。たてと横の長さが同じ四角形のこと。

23　2　明らか

「あきらか」は「明らか」と書く。1の「清らか」は「きよらか」と読む。「汚れていなくて、きれいな様子」という意味。

24　2　冷たい

「つめたい」は「冷たい」と書く。物の温度が低い様子。1の「氷」は「ヒョウ／こおり・ひ」、3の「涼」は「リョウ／すず-しい」、4の「寒」は「カン／さむ-い」と読む。

25　4　湖

「みずうみ」は「湖」と書く。「湖」は「コ」とも読む。1は「ハ／なみ」、2は「チ／いけ」、3は「カイ／うみ」と読む。

26　1　責任

「せきにん」は「責任」と書く。3「積」と4の「績」も「せき」と読むが、意味が違う。

問題3　文脈規定

文の内容によって、どのことばを使うのがふさわしいのか、答える問題です。意味が似ていることば、同じ漢字を使っているけれど意味が違うことばなどが並ぶ選択枝の中から、もっともふさわしいことばを選ぶことができるかどうかが問われます。熟語、カタカナ語、接頭語や接尾語、擬音語、擬態語なども出題される可能性があります。似ていることばの使い分け方を正しく覚えましょう。

These are questions where you have to answer which word is appropriate to use according to the content of the sentence. They test if you can choose the best answer option when there are words with similar meanings, or words that use the same *kanji* but have different meanings. There may be questions with idioms, *katakana* words, prefixes, suffixes, onomatopoeia, mimetic words, etc. You must correctly memorize proper usage of similar words.

根据文章内容，选择合适的词语。该题考大家是否能从一组意思相近词语或使用相同汉字但意义不同的词语中选出最合适的词语。常用语、片假名语、接续词、拟声词、拟态语等都有可能被考到。请正确记住相似词语的不同使用方法。

문장의 내용에 따라 어떤 말을 쓰는 것이 적합한지 답하는 문제입니다. 의미가 비슷한 단어, 같은 한자를 사용하고 있으나 의미가 다른 단어 등이 나열된 보기 중에서 가장 적합한 말을 고를 수 있는지가 따져집니다. 숙어, 가타카나, 접두어나 접미어, 의성어, 의태어 등도 출제될 가능성이 있습니다. 비슷한 말을 가려 쓰는 법을 정확하게 기억합시다.

【解答】

1	2	2	1	3	4	4	3	5	2
6	2	7	1	8	4	9	4	10	2
11	1	12	3	13	1	14	1	15	4
16	2	17	4	18	1	19	1	20	3

21　1　　22　4　　23　2　　24　2　　25　4

26　1

【解説】

(P.14)

1　2　材料
「肉や野菜」を言い換えた場合、最も適当なのは「材料」。1の「道具」は、「何かをつくったり、何かをするために使う用具」。「料理の道具」と言った場合は、食材ではなく、包丁やまな板などを指す。

2　1　びしょびしょ
「びしょびしょ」は、全体が水にぬれて、多くの水分をふくんでいる様子を表すことば。2の「ざくざく」は、小さな石や雪などをふんで歩くときの音を表すことば。3の「どろどろ」は、泥がたくさんついて、とても汚い様子を表す。4の「ざあざあ」は雨が激しく降る様子を表す。

3　4　チェック
「チェックする」は「調査する、確認する」という意味。1の「ショック」は「衝撃」という意味。「ショックする」という言い方はせず、「ショックを受ける」などと言う。2の「チャック」は洋服やかばんなどに使う、開け閉めのできる留め具のこと。「ファスナー」とも言う。3の「チョーク」は、黒板に字などを書くのに使う道具。

4　3　利用
「利用」は「手段や方法として用いること、使うこと」。1の「通用」は「広く、一般に用いられること」。2の「活用」は「物や人の能力、機能などを十分にいかすこと」。4の「応用」は「得た知識などをほかにも使うこと」。4つの中で「客」の前に来て意味が通じるのは「利用」だけ。

5　2　不
「不可能」は「できないこと、無理なこと」。選択枝は4つとも否定の意味を持つ接頭語だが、「可能」に付くのは「不」。ほかに「不安定／不公平／不規則／不完全」など。参考：「未」が付くもの＝未解決／未完成　「非」が付くもの＝非常識／非公式　「無」が付くもの＝無条件／無関係／無関心

6　2　相談
「相談」は「問題を解決したり、物事を決めたりするために、ほかの人に話したり、話し合ったりすること」。1の「会話」は「2人、またはそれ以上の人がお互いに話をすること」。3の「話題」は「話のテーマ、話の材料となること」。4の「世話」は「人や生き物の面倒をみること」。

(P.15)

7　1　くれぐれも
「くれぐれも」は「何度も繰り返し、心をこめてお願いする様子」。「くれぐれもよろしくお伝えください」という表現でよく使う。2の「どうしても」は「①どのようにしても、どんな方法を使っても　②（後ろに否定のことばが来て）どんなに努力しても、絶対に」という意味。3の「ちっとも」は「（後ろに否定のことばが来て）少しも、まったく」という意味。4の「いまにも」は「すぐにも、今まさに」という意味。

8　4　プレゼント
「プレゼント」は「贈り物」という意味。1の「サービス」は「①ほかの人のために気をつかったり、力を尽くしたりすること　②物を売るときに、値段を安くしたり、おまけをつけたりすること」。2の「レクリエーション」は「仕事や勉強の疲れをとるためにする楽しみや休養」。3の「スケジュール」は「予定、日程」。

9　4　あふれて
「あふれる」は「水などが容器に入りきらなくなって、外に出る」。1の「はずれる」は「はめたりついていたりしたものが、そこから取れる、離れる」。2の「ふくれる」は「中に入っているものが増えて大きくなる」。3の「のまれる」は「包みこまれる、引きこまれる」。

10　2　的
「積極的」は「物事に対して、自分から進んでやろ

うという様子」。選択枝は4つとも、ことばの後ろについて、ある傾向があることを表すことばだが、「積極」につくのは「的」か「性」。両者のうち、「だ」の前に来ることができるのは「積極的」の形。「的」が付くものは、ほかに、消極的／近代的／国際的など。参考：「性」がつくもの＝可能性／安全性／積極性　「面」がつくもの＝安全面／マイナス面　「状」がつくもの＝帯状／球状

11　1　進歩
「進歩」は「物事が、時間がたつにつれて、だんだんよくなること」。2の「増加」は「数や量が増えること」。3の「展開」は「次の段階に進むこと」。4の「交換」は「取りかえること」。「進んでいる、よくなっている」という意味の「進歩」が合う。

12　3　どんどん
「どんどん」は「物事が早く、調子よく進む様子」。1の「からから」は「①水分がまったくない様子　②中に何も入っていない様子」。2の「ごくごく」は「飲み物を勢いよく飲む様子」。4の「ぶつぶつ」は「①小さな声で物を言う様子　②文句や不満をかげで言う様子」。

13　1　プラン
「プラン」は「計画、案」。2の「メニュー」は「（レストランなどの）料理名を示した表、やるべきことが書き出されたリスト」。3の「アイデア」は「思いつき、工夫」。4の「モデル」は「手本、見本」。「〜を立てる」に合うのは「プラン」。

14　1　やっと
「やっと」は「長い時間がかかって物事が実現する様子、ようやく」。2の「もっと」は「これまで以上に、さらに」。3の「そっと」は「静かに音を立てないで物事をする様子」。4の「さっと」は「動作がすばやく行われる様子」。「ようやく」と言い換えることができる「やっと」が合う。

15　4　長
「長所」は「（性格や性質などの）いい点、すぐれているところ」。選択枝は4つともよい意味を表す漢字だが、「性格や性質がよい」という意味に使えるのは「長所」。

16　2　記事
「記事」は「新聞や雑誌に書かれている文章」。1の「作文」は「文章をつくること、または、その文章」。3の「文学」は「ことばで表された作品、小説や詩など」。4の「伝言」は「言い伝えることば」。「新聞に出ていた文章」の意味なので、2の「記事」が合う。

(P.16)

17　4　なかなか
「なかなか」は「（後ろに否定のことばが来て）物事が簡単に進まない様子」。1の「まあまあ」は「十分だとは言えないが、なんとか許すことができる程度の」。2の「とうとう」は「最終的に、結局」。3の「ますます」は「程度がさらに増す様子」。ここでは、思うようにいかない、と言っているので、4の「なかなか」が合う。

18　1　タイプ
「タイプ」は「型式、型、種類」。2の「デザイン」は「何かをつくるときの形や色、模様など」。3の「コース」は「進んでいく道、進路」。4の「イメージ」は「ある物事、人から受ける全体的な感じ、印象」。「曲がって伸びる」型の木という意味なので、合うのは1。

19　1　おだやかな
「おだやかな」は「静かで安らかな様子」。2の「おとなしい」は「性質、態度が静かで、反抗的ではない様子」。3の「やわらかい」は「①物が固くなくて、ふんわりしている　②性格や性質がやさしくて、おだやかな様子」。4の「なごやかな」は「雰囲気や態度が落ち着いていてあたたかな様子」。いい天気のことを言う場合は、「おだやかな」を使う。

20　3　くよくよ
「くよくよ」は「いつまでも心を悩ませる様子」。1の「わくわく」は「期待、喜びで、心が落ち着かない様子」。2の「にやにや」は「声を出さずに、ひ

とりで笑いを浮かべる様子」。4の「しとしと」は「雨が静かに降る様子」。「悩んでも仕方ない」とあるので、合うのは3。

21 1 何回
「何回も」は「繰り返し何度も」という意味。2の「今回」は「今行われているこの回」、3の「全回」は「全部の回」、4の「毎回」は「その回ごと、そのたびに」という意味。合うのは1。

22 4 期限
「期限」は「前から決められた特定の期間」。1の「期間」は「ある日時からある日時までの間」。2の「時期」は「あることを行う時、一定の幅のある時間」。3の「学期」は「学校で、1学年を分けた各期間」。ここでは、宿題を出すように決められた期間のことなので、4の「期限」が合う。

23 2 変更
決まっていたことを変える場合、2の「変更」が最も合う。1の「変化」は「物事の性質や状態が、それまでと変わること」。3の「変動」は「物事が変化して移り変わること」。4の「変換」は「別のものに変えること」。

24 2 刺して
「針」は「刺す」という。

25 4 浮かべた
「表情を浮かべる」という言い方を覚えておこう。

26 1 分解
機械など、1つにまとまっているものをばらばらにすることを「分解」という。例：時計を分解する。2の「分配」は「分けて配ること」、3の「分布」は「広く分かれてあちこちにあること」、4の「分散」は「物事が分かれて散らばっていること」。

問題4 言い換え類義

問題文中の下線を引いたことばと、同じ意味を持つ表現やことばを選ぶ問題です。熟語やカタカナ語、2つの動詞が組み合わさると違う意味を持つようになることば、擬音語、擬態語なども出題されると考えられます。1つのことばに2つ意味がある場合は、文の中でその語がどういう意味で使われているのか、考えることが大切です。

These are questions where you have to choose which expression or word has the same meaning as the underlined word. There will be questions with idioms, *katakana* words, compound verbs where the meaning changes with the verb combination, onomatopoeia, mimetic words, etc. It is important to think about which meaning is being used in the sentence in cases where one word has two meanings.

选择与问题句中有下划线词语具有相同意义的表达方式或词语。常用语和片假名语，连动式词语，拟声词，拟态语等都可能被考到。当一个词语具有两个意思的时候，考虑其在文中是以哪种意思被使用的非常重要。

문제 안의 밑줄 선을 그은 말과 같은 의미를 가진 표현이나 단어를 고르는 문제입니다. 숙어나 가타카나, 두 개의 동사가 합쳐져 다른 의미를 가지게 되는 말, 의성어, 의태어 등도 출제됩니다. 한 개의 말에 두 가지의 의미가 있는 경우는 글 안에서 그 말이 어떠한 의미로 사용되고 있는가를 생각하는 것이 중요합니다.

【解答】

1 2 **2** 3 **3** 1 **4** 3 **5** 2

6 1 **7** 3 **8** 1 **9** 3 **10** 1

11 3 **12** 4 **13** 1 **14** 2 **15** 1

16 1 **17** 2 **18** 1 **19** 4 **20** 1

21 2 **22** 1 **23** 4 **24** 2 **25** 1

26 4

【解説】
(P.17)

1 2 しかたない（＝やむをえない）
「やむをえない」は「そうするよりほかに方法がない」という意味。2の「しかたない」が一番近い。「しかたない」は「しかたがない」とも言う。

2 3 つまらない（＝くだらない）
「くだらない」は「取り上げる価値がない、程度が

低い」という意味。「つまらない」は「おもしろくない」という意味のほか、「取り上げる価値がない」という意味がある。

3 1 忙しい（＝あわただしい）
「あわただしい」は「するべきことがたくさんあって、落ち着いていられない」という意味。1の「忙しい」が一番意味が近い。

4 3 テンポ（＝ペース）
「ペース」は「歩いたり、走ったりするときの速度」という意味。「テンポ」は「物事の進み方の速さ」という意味で、一番近い。1の「パート」は「役割、部分、区分」という意味。2の「パターン」は「似ている型、いくつかの物に共通する性質」という意味。4の「レベル」は「評価をする場合の基準や程度」。

5 2 動かないで（＝じっとして）
「じっと」は「動かないで、そのままでいる様子」。2の「動かないで」が一番近い。

6 1 格好（＝スタイル）
「スタイル」は「体全体の形、姿」という意味。1の「格好」が一番近い。

7 3 直接的に（＝率直に）
「率直に」は、「かくしたり、飾ったりしないで、ありのままに」という意味。3の「直接的に」が一番近い。

(P.18)
8 1 迷った（＝ためらった）
「ためらう」は「するか、しないか、決心がつかなくて悩む」という意味。1の「迷う」が一番近い。

9 3 つまり（＝すなわち）
「すなわち」は「前に出たことばをほかのことばで言い換えると」という意味。3の「つまり」が一番近い。

10 1 安心した（＝ほっとした）
「ほっとする」は「安心して、心の緊張がとれる」という意味。1の「安心した」が一番近い。

11 3 がまんできない（＝たまらない）
「たまらない」は「それ以上、がまんできない、ある感情をおさえられない」という意味。3の「がまんできない」が一番近い。

12 4 いやになっている（＝たいくつしている）
「たいくつする」は「あきていやになる」という意味。4の「いやになっている」が一番近い。

13 1 トップ（＝頂点）
「頂点」は「一番高い所、最も高い地位」という意味。1の「トップ」も「最も高い所、順位が1番」という意味があり、一番近い。

14 2 広がった（＝ふきゅうした）
「ふきゅうする」は「広く行きわたる」という意味。2の「広がった」が一番近い。

15 1 とても（＝非常に）
「非常に」は「程度が普通ではない、普通の状態をはるかに超えている様子」という意味。1の「とても」が一番近い。

16 1 練習（＝トレーニング）
「トレーニング」は「練習すること」という意味。

(P.19)
17 2 耳がよく聞こえない（＝耳がとおい）。
「耳がとおい」は「耳がよく聞こえない」という意味を表す。慣用句的な表現。

18 1 ずっと前に（＝とっくに）
「とっくに」は「ずっと前に、すでに」という意味。

19 4 熱中して（＝夢中になって）
「夢中になる」は「自分を忘れるほど、何かに一生けん命になっている」という意味。一番近いのは4の「熱中する」。

解答・解説

20 1 片付(かたづ)けた （＝どけた）
「どける」は「ある場所にあったものを別の場所に移して、そこの場所を空ける」という意味。「片付ける」は「乱雑に置かれている物をきちんと収納してきれいにする」という意味。

21 2 マスターした （＝習得した）
「習得する」は「知識や学問などを、習って覚える」という意味。これに一番近いのは「マスターする」。「十分に理解する、その物事をするのがうまくなる」という意味。1の「マッチする」は「よく合う」、4の「キャッチする」は「つかまえる」という意味。

22 1 とても静かだった （＝しいんとしていた）
「しいんと」は「物音がまったくせず、静かな様子」を意味する。

23 4 不正 （＝ずる）
「ずる」は「やるべきことをやらなかったり、不正をしたりして、自分の得になるようにすること」。

24 2 立派な （＝見事な）
「見事な」は「すばらしく、立派な」という意味。1の「高価な」は「値段が高い」、3の「地味な」は「色や形などにはなやかな感じがなくて、目立たない様子」、4の「清潔な」は「汚れや汚ないところがない様子」という意味。

25 1 あまい （＝ゆるい）
この場合の「ゆるい」は「規則などが厳しくない」という意味。これに合うのは「あまい」。「あまい」は本来、味に使うことばだが、「厳しさが足りない」という意味にも使う。

26 4 一生けん命 （＝必死）
「必死」は「命がけで全力を出すこと」という意味。「一生けん命」も「命をかけて物事をする様子」という意味。

問題5　用法

指示されたことばが、文中でどのように使われるのが正しいのかを選ぶ問題です。前後の文のつながりから日本語として自然な言い方を選ばなくてはなりません。少しあらたまったことばや表現、漢字を見ただけでは意味が推測しにくい熟語、複合語、カタカナ語、擬音語(ぎおんご)、擬態語(ぎたいご)など、正確に意味を覚えておきましょう。

These are questions where you have to choose the proper usage in a sentence of the word provided. You have to choose the most natural way of connecting the preceding and succeeding sentences in Japanese. You should accurately memorize slightly formal words and expressions, idioms that are difficult to guess based on the *kanji* alone, plurals, *katakana* words, onomatopoeia, mimetic words, etc.

选出指定词语在文中怎样使用才正确的使用方法。要从前后文的连接选出作为日语最自然的说法。请牢记在正式场合使用的词语或表达方式，以及只看汉字很难推测出意思的常用语、复合词组、片假名语、拟声词、拟态语等等的正确意思。

지시된 말이 글 안에서 어떻게 쓰여지는 것이 올바른가를 고르는 문제입니다. 전후 문장의 관계로부터 일본어로서 자연스러운 표현을 고르지 않으면 안됩니다. 조금 격식을 차린 말이나 표현, 한자만 보고는 의미를 추측하기 어려운 숙어, 복합어, 가타카나, 의성어, 의태어 등 정확하게 의미를 기억해 둡시다.

【解答】

1 3　**2** 2　**3** 1　**4** 1　**5** 4

6 3　**7** 1　**8** 2　**9** 3　**10** 1

11 4　**12** 3　**13** 1　**14** 2　**15** 4

16 3　**17** 4　**18** 1　**19** 1　**20** 3

21 1　**22** 1　**23** 2　**24** 1

【解説】
(P.20)

1 3　この問題は、とても複雑で、私1人では解決できない。
「複雑」は「物事の関係がこみいっていること」。参考：言い換え例　1＝困難

解答・解説

2 2　心配しなくても、きっと、だれかが助けてくれるよ。
「きっと」は「必ずそうなるだろう」という予測を表す表現。「確かに／必ず」などと言い換えられる。

3 1　事故で、車のガラスが割れてしまった。
「ガラス」は透明な物質で、窓などに使われるものを指す。参考：言い換え例　2＝グラス　3＝めがね

4 1　加藤さんは、父親がとてもきびしいらしい。
「きびしい」は「規則や決まりをしっかりと守らせる様子、ゆるいところがない様子」という意味。参考：言い換え例　3＝はげしく

(P.21)

5 4　先生が勉強を教えてくれたおかげで、合格できました。
「おかげ」は「ほかの人から受けた助けや協力」。お礼を言うときなどに「○○さんのおかげで」という形でよく使う。参考：言い換え例　1＝かげ　2＝理由／原因　3＝せい

6 3　今、いすとテーブルをセットで買えば、安くなる。
「セット」は、「道具などをひとそろいにしたもの」という意味。参考：言い換え例　1＝コンビ　2＝マッチ　4＝カップル

7 1　本当に目の前に人がいるつもりで、話してください。
「つもり」は「本当はそうでないけれど、そういう気持ち」という意味。参考：言い換え例　2＝予定　3＝用意

8 2　郵便で、合格の通知が届いた。
「通知」は「知らせること、またはその知らせの手紙など」という意味。参考：言い換え例　1＝報道／放送　3＝案内　4＝承知

9 3　午後の会議が長引いているようだ。
「長引く」は「予定していたより長く時間がかかる」という意味。参考：言い換え例　1＝ひきずって

2＝長々とした　4＝長くなれば

(P.22)

10 1　朝の電車は、いつも人が多くてぎゅうぎゅうだ。
「ぎゅうぎゅう」は「むりやり押し込んだり、詰め込んだりする様子」を表す。

11 4　旅行に行く場所は、ほぼ決まった。
「ほぼ」は「完全とは言えないが、だいたい」という意味。参考：言い換え例　1＝約　2＝だいたいの

12 3　入り口がわからなくて、まごまごしてしまった。
「まごまご」は「どうしたらよいかわからなくて、あわてる様子」を表す表現。参考：言い換え例　1＝こりごり　2＝迷子　4＝ぐずぐず

13 1　この近くには、天然の温泉がたくさんある。
「天然」は「自然のままであること、人の手が加わっていないこと」という意味。参考：言い換え例　3＝自然

14 2　彼女は、しっかりと自分の意見を述べた。
「述べる」は「意見や考えを話す、または文章で表す」という意味。参考：言い換え例　3＝現れている　4＝おしゃべり

(P.23)

15 4　自転車がすごいスピードで走ってきた。
「スピード」は「速さ、速度」という意味。参考：言い換え例　1＝速い　2＝速い　3＝スピーディ

16 3　このドアは夜8時になると、自動で鍵が閉まる。
「自動」は「（物や機械が）ほかから力を加えなくても自然に動くこと」という意味。参考：言い換え例　1＝活動　2＝運動　3＝行動

17 4　この学校に通うのも、残りわずかとなった。
「わずか」は「数や量、程度、時間がほんの少しで

ある」という意味。2のように「背がわずか」とは言わない。また、やせて細くなったことも「わずかになった」とは言わない。参考：言い換え例　1＝ひそかに　2＝小さい　3＝細い

18　1　先月、2人のメンバーが加わって8人になった。
「メンバー」は「集団を構成する人、またはその一員」という意味。人に使い、2や3のように物には使わない。また、4のように、集団が大きすぎるものにも使わない。参考：言い換え例　3＝メニュー

19　1　来年は受験なのに、息子は勉強もせず、のんきにゲームばかりしている。
「のんき」は、「性格がのんびりしている様子、あわてる様子がなく落ち着いている様子」。参考：言い換え例　2＝元気　3＝努力／苦労　4＝一気

(P.24)
20　3　いきなり結婚してくれなんて言われても、困ります。
「いきなり」は「何の前触れもなく、突然に」という意味。参考：言い換え例　1＝すぐに　4＝ひっきりなし、途切れることなく

21　1　全員が納得するまで、よく話し合った。
「納得する」は「人の考え方や行動などについて、十分に理解して認める」という意味。参考：言い換え例　2＝購入　3＝習得　4＝納付

22　1　暗くなってきましたから、そろそろ帰りましょう。
「そろそろ」は、「ある状態や時刻になりかかった様子、動作を静かにゆっくり行う様子」という意味。参考：言い換え例　2＝そっと　3＝そよそよ　4＝きょろきょろ

23　2　電球が切れてしまったので、新しいものにとりかえた。
「とりかえる」は「今まで使っていた古いものを新しいものにかえる」という意味。参考：言い換え例　1＝取りに帰った　3＝取り返す　4＝戻る

24　1　壁にはられたシールをきれいにはがすのは大変だ。
「はがす」は、「表面にくっついているもの、覆っているものを取り外す」という意味。2のように、着ているものの場合は「脱いで」という。3はコーヒーがテーブルにくっついているわけではないので、「ふきとる」などのことばが合う。4は「ひげをそる」という言い方が普通。「はがす」と似ていることばに「むく」があるが、これは「表面を覆っているものを取り去って、中身を出す」という意味。例：りんごの皮をむく

第2部　言語知識(文法・読解)

問題1　文の文法1・文法形式の判断

文の内容を考えて、それにふさわしい文法形式のものを選ぶ問題です。使われ方の決まっている表現（機能語）、使役や受け身の形、仮定表現、敬語のほか、新聞や雑誌などでよく使われる書きことば的な表現、会話で使われるくだけた表現なども押さえておきましょう。動詞や形容詞が、その表現とどういう活用形で接続するか、一緒に使う助詞は何か、など正確に覚えておくことが必要です。

These are questions where you have to choose the most suitable grammar form to fit the content of the sentence. You should study expressions where the usage is predetermined (function words), causative and passive forms, assumptive expressions, honorific forms as well as written expressions often used in newspapers and magazines and informal expressions used in conversation. It is necessary to memorize things like which form and usage verbs and adjectives take in an expression, which particle is used, etc.
思考文章的内容，选择与之相符的语法形式的选项。请把那些使用方法固定的表达方式（功能语）、施事和受事的语法形式、假设用法、敬语等，以及报纸和杂志上经常使用的词语、对话中时常使用的表达方式等好好总结一下。正确记住动词和形容词接续时的活用形、一起使用的助词是什么等等，这也非常必要。
글의 내용을 생각하고 그것에 적합한 문법 형식을 고르는 문제입니다. 쓰이는 법이 정해져 있는 표현 (기능어), 사역이나 수동의 형태, 가정 표현, 경어 이외에, 신문이나 잡지 등에서 잘 쓰여지는 문장체적인 표현, 회화에서 쓰여지는 허물없는 표현 등도 파악해 둡시다. 동사나 형용사가 그 표현과 어떠한 활용형으로 접속하는지, 함께 쓰는 조사는 무엇인지 등 정확하게 기억해 두는 것이 필요합니다.

【解答】

|1| 4 |2| 3 |3| 1 |4| 1 |5| 4

|6| 4 |7| 1 |8| 3 |9| 1 |10| 1

|11| 3 |12| 1 |13| 2 |14| 3 |15| 1

|16| 4 |17| 1 |18| 1 |19| 1 |20| 1

|21| 2 |22| 4 |23| 2 |24| 2 |25| 3

|26| 3 |27| 2 |28| 3 |29| 2 |30| 4

|31| 3 |32| 2 |33| 2

【解説】

(P.26)

|1|　4　しか
「〜しか」は後ろに「〜ない」などの否定の表現が来て、「〜以外ない、〜だけ」という意味を示す。ここでは、「さいふに入っているのは1000円だけ」という意味。

|2|　3　ほど
弟と兄を比べている表現。「〜ほど〜ない」の形を押さえよう。「AはBほど〜ない」の形で、「AはBよりも〜でない」という意味を表す。

|3|　1　おそれ
「あしたまでに終わらないのではないか」という、悪い予想をしている。悪い出来事が起きる可能性があることを表す表現としては「おそれ」が合う。

|4|　1　らしい
「中村さんによると」とあるので、人から聞いた話を伝えようとしている文であることがわかる。4つの中で人から聞いた話をもとに推量する表現は1の「らしい」。

|5|　4　くせに
「AくせにB」の形で、「AにもかかわらずB」という意味を表す。Bには、マイナスの評価の事柄や悪い意味が来ることが多い。「A」がナ形容詞のときは「Aなくせに」、名詞のときは「Aのくせに」と接続する。人を非難するときにも使う言い方。例：何もわかっていないくせに、文句を言うな。

|6|　4　気味
「そういう傾向がある、そういう様子がある」という意味が来ることが推測できる。選択枝の中で、そのような意味を持つのは「1　っぽい」「3　がち」「4　気味」だが、後ろの「で」に接続できるのは3か4。「かぜ」に続くのは「気味」。「がち」に続くのは「病気がち」「くもりがち」など、限られている。

|7|　1　をめぐって
「〜ということについて、〜に関して」という意味の表現が来ることが推測できる。それを表すのは「〜をめぐって」。「名詞＋をめぐって」の形で使う。後ろには、議論する、対立する、戦うといった動詞が来ることが多い。

(P.27)

|8|　3　にかけて
「AからBにかけて」の形を押さえよう。「AからBの間に」という期間や範囲を表す表現。

|9|　1　うちに
文中の、「何度か」「〜わかってきた」ということばから、時間の経過と共に変化が表れることを意味する表現を選ぶ。「あげくに」も、時間の幅を表す表現であるが、「最後に、〜という（望ましくない）結果になる」という意味であり、接続も、「動詞た形＋あげくに」なので、ここではふさわしくない。

|10|　1　そろそろ
「そろそろ失礼します」は、ある場所を立ち去ることを切り出すときの決まり文句。2の「つくづく」は、ものごとを深く感じる様子。例：つくづく自分が嫌になる。3の「ようやく」は、待ち望んでいたことが現実のものになる様子。例：ようやく夏休みだ。4の「いつしか」は、「いつの間にか」という意味。

解答・解説

11 3 言われても
「人から」があるので、「言われる」という「受身」の形が合うことが推測できる。選択枝の中で、受身の形で、文法的に正しいのは3。

12 1 なったら
「信号が青になる」という条件が実現した場合、道を渡ることが許される、という意味。「青になったら」の形が合う。「たら」は、その前に述べられていることが実現した場合、「たら」の後ろの事柄が実現する、という意味を表す。3の「と」も条件を表すが、前の事柄が起きた場合、それに引き続いて自然と後ろの事柄が起きるような文に使うことが多い。例：春になると、あたたかくなる。また、「と」は、後ろに許可や希望などを表す文が来る場合は使えない。

13 2 見ながら
2つの動作を同時にすることを表す表現が来ることが推測できる。選択枝の中では「見ながら」が合う。「動詞のます形＋ながら～」の形で使う。

14 3 走れる
「走ることができる」という意味が来ることが推測できる。「走る」の可能形は「走れる」が正しい。

15 1 もらいたい
「多くの人に知ってほしい」という意味が来ることが推測できる。「動詞て形＋もらう」に、希望を表す「～たい」がついた形の「てもらいたい」が合う。

16 4 ところ
最後が「そうだ」と伝聞の形になっている。その情報の出所を示す表現が来ることが推測できる。それに合うのは「動詞のた形＋ところ…」。「～したら…」と、ほぼ同じ意味。

17 1 着させられた
文全体の意味を考えると、使役受身の形が合う。「着る」の使役形は「着させる」。これを受身の形にした「着させられた」が正解。

(P.28)

18 1 くれる
相手が「どうぞ」と言っていることから、「貸してください」という依頼表現が来ることが推測できる。「貸してください」の口語的な言い方「（貸して）くれる？」が合う。

19 1 させた
「学生たちに～させた」という使役の意味が合う。「そうじさせた」が正しい形。

20 1 なくちゃ
「行かなくては（ならない）」の口語的な形は「行かなくちゃ（ならない）」。「ならない」は省略されることが多い。

21 2 にくい
文の意味から「話すことが難しい」という意味のことばが入ることが推測できる。それを表すのは「動詞ます形＋にくい」の形。「～することが難しい」という意味を表す。反対に、「～することが簡単」という意味を表すのは「動詞ます形＋やすい」。

22 4 べき
「～するのが当然である、～しなければならない」という意味のことばが入ることが推測できる。それを表すのは「動詞辞書形＋べき」。「3　べし」も同じ意味を持つが、「～だ」に接続する形としては「べき」が合う。

23 2 そうだ
「天気予報によると」とあるので、伝聞の形が来ることが推測できる。選択枝の中では「そうだ」が合う。

24 2 ならない
「メールを送ることが必要だ、義務だ」という意味が来ることが推測できる。その意味に合うのは「送らなくてはならない」の形。「動詞ない形＋なくてはならない」の形を押さえよう。

解答・解説

25　3　するまい
「もう二度としない」という強い決意を表すことばが来ることが推測できる。選択枝の中では「するまい」が合う。書きことば的な表現。「まい」は、Ⅰグループの動詞の場合は辞書形に、Ⅱグループの動詞の場合はます形に接続する。Ⅲグループの動詞の場合は「するまい／すまい」「来るまい／来まい」となるが、「するまい・来るまい」のほうが一般的。

26　3　というものだ
話し手が、ある事柄に対しての感想や主張を強く言うときの表現。ナ形容詞や名詞の普通形（「だ」は通常つかない）に接続する。

27　2　っこない
話し手が、親しい人との会話で、あることについての可能性がとても低いことを強く言うときに使う表現。動詞ます形に接続する。3の「ないこともない」、4の「ざるをえない」は、（　　）の前の動詞がない形ではないので接続できない。

(P.29)

28　3　お書きください
「書いてください」の丁寧な言い方を選ぶ。「お＋動詞ます形＋ください」の形を押さえよう。

29　2　差し上げました
「人に～をあげる」という意味が合う。相手は先生なので、「あげる」の謙譲表現である「差し上げる」が正解。

30　4　ばかりでして……
「動詞た形＋ばかり」で「ある行動が終わってからまだ時間が経っていないことを表す」のは初級の学習事項。文末をはっきりと言わない「でして……」となっていることにまどわされなければ、正答できるはず。

31　3　よろしいですか
相手が「ええ、かまいませんよ」と答えていることから、許可を求める表現が来ることが推測できる。「動詞て形＋てもよろしいですか」は、丁寧に許可を求める言い方。

32　2　いらっしゃいます
お客さんは目の前にいなくても「いらっしゃいます」を使うのが適当。「物」がある場所にあることを丁寧に言うときには「ございます」を使うが、「人」には使えない。「来る」の尊敬表現の一つとして「おみえになる」があるが、「みえます」という形で、使うことはできない。

33　2　しないということ
「残念ながら」と言っていることから、否定の意味の内容（＝「参加しない」）が来ると判断できれば、答えは2しかない。

問題2　文の文法2：文の組み立て

ばらばらに示されている選択枝を、文法形式に沿って正しい順番に並べることができるかどうかを問う問題です。日本語では「形容詞＋名詞」という順番になること、「たとえ～としても」など、前のことばによって後ろのことばが決まっている表現なども出題されやすいと考えられます。慣れるまでは4つ同時に考えるのではなく、4つの選択枝の中から、まず2つのことばのつながりを考えたり、下線の直前・直後にあることばとつながる表現がないか、語彙・文法の知識を使って考えたりするとよいでしょう。

These questions test if you can take scrambled answer options and put them in correct grammatical order. Word order, such as the fact that in Japanese the order is 「形容詞＋名詞」, 'adjective + noun,' and expressions like 「たとえ～としても」, 'even if ～,' where the word preceding determines the succeeding word, are likely to appear on the test. Until you become used to them, it is a good idea to not think of all 4 sections at once, but from the 4 choose 2 and determine how they go together, if there is an expression before or after the underlined part to connect, and use your knowledge of vocabulary and grammar.

把順序错乱的选项按照语法规则，以正确的顺序重新排列。如，常会考到日语中是"形容词＋名词"的顺序，"就算～也"等等，前面的词出来就决定了后面跟的词等等。熟练之前，没有必要把4个选项同时考虑，从4个选项中先考虑选两个词语来连接，有没有能与划线词语的前后直接连接的词语，最好把词汇和语法知识

解答・解説

都用来思考。
따로따로 제시되어 있는 보기를 문법 형식에 따라 올바른 순서로 나열하는 것이 가능한가를 묻는 문제입니다. 일본어에서는「형용사+명사」라고 하는 순서가 되는 것,「비록~라고 해도」등, 앞의 말에 의해 뒤의 말이 정해지는 표현 등도 출제되기 쉽습니다. 익숙해질 때까지는 네 가지 동시에 생각하는 것이 아니라, 네 가지의 보기 중에서 우선 두 가지 말의 연결을 생각하거나, 밑줄의 직전·직후에 있는 말과 관계있는 표현이 없는지, 어휘·문법의 지식을 사용하여 생각하거나 하는 것이 좋을 것입니다.

【解答】
1 1   2 4   3 1   4 2   5 3
6 1   7 2   8 2   9 4   10 3
11 4   12 1   13 2   14 3   15 1
16 3   17 1   18 1   19 2   20 3
21 1   22 1   23 4   24 3   25 2
26 1   27 2   28 2   29 1   30 4
31 4   32 3   33 1   34 2

【解説】
(P.30)
1 1 さえ
時間と 金 さえ あれば 旅行に 行けるのに。
まず、「～さえあれば」の表現を押さえよう。「時間と」に続くのは、意味から考えて「3 金」が適当。その後に「さえあれば」が来る。最後の「行けるのに。」の前に来るのは「2 旅行に」。

2 4 なんと言っても
日本の 花 と言えば なんと言っても さくら でしょう。
「Aと言えば（なんと言っても）B」の形を押さえよう。「Aという分野の中で、最も代表的なものと言えばB」という意味を表す。「日本の」の後には「1 さくら」か「2 花」が来る可能性があるが、Aにはより意味の広いことばが来るので、「2 花」のほうが適当。

3 1 だけあって
さすが 人気のある 店 だけあって 予約は 3カ月先までいっぱいだ。
「～だけあって」は「～という地位や評判にふさわしく」という意味。「3 人気のある」は「2 店」を修飾することばなので、2の前に来る。「4 予約は」は、「さすが人気のある店だけあって」というつながりの中には入れられないので、最後に来るのが適当。

4 2 行っても
井上さんは、どんな 国に 行っても 生きて いける人だ。
「4 どんな」に直接、続けられるのは、選択枝の中では「1 国に」だけ。「国に」には、「2 行っても」も「3 生きて」も続けられるが、最後の「いける人だ」の前に来ることができるのは「生きて」のほうが適当。したがって、「国に」の後には「行っても」が来る。

5 3 係を
この中で、だれか 会計の 係を 頼める 人はいませんか。
「1 会計の」と「3 係を」がまず、結びつけられる。「係を」の次に来るのは「2 頼める」が適当。「会計の係を頼める」が、最後の「人」を修飾していることを見抜こう。「4 だれか」は最初に置くのが適当。

6 1 いるのに
こんなに 一生けん命 勉強して いるのに ちっとも 成績が上がりません。
「～のに」は、述べられる事柄から予想される結果とは、違った結果になることを示す表現。選択枝を見ると、まず「2 一生けん命」と「4 勉強して」が結びつく。「勉強して」の後は「1 いるのに」が来る。「3 ちっとも」は、最後の「成績が上がらない」の直前に来るのが適当。

7 2 早めに
寒くなって きたし 天気も悪いので 早めに 帰ること にしました。

解答・解説

最後の「にしました。」の前に来ることができるのは、選択枝の中では「3 帰ること」だけ。帰ることにした理由が文の前半に来る。初めの「寒くなって」に続くのは「1 きたし」。もう1つの理由「天気も悪い」が次に来る。「2 早めに」は「帰ることにしました」を修飾するので、その前に置くのが適当。

(P.31)

⑧ 2 ことが
申しわけないのですが この絵は 差し上げる ことが できない ものなんです。
最後の「もの」の前に来ることができるのは、選択枝の中では「3 差し上げる」か「1 できない」。しかし、「差し上げるもの」としてしまうと、2と3の選択枝が使えなくなる。「差し上げることができないもの」とつなげるのが適当。「4 この絵は」は「差し上げることができないもの」の前に来るのが適当。

⑨ 4 としても
本当に好きなら たとえ ことわられた としても 気持ちを 伝えたほうがいいよ。
「たとえ〜としても…」の形を押さえよう。「〜」の部分で示されたことが起きたとしても、「…」の部分では、それに影響されないという内容が示される。「〜」には動詞た形が来ることが多い。このことから、「たとえことわられたとしても」の部分ができる。「1 気持ちを」は「伝えたほうがいい」の直前に来るのが適当。

⑩ 3 熱が
背中が ぞくぞく するから 熱が 出てきた のかもしれません。
選択枝の中で、「3 熱が」と「2 出てきた」がまず結びつけられる。「ぞくぞく」は、熱があって寒気を感じる様子を表すことば。「4 ぞくぞく」と「1 するから」が結びつく。最初の「背中が」に続くのは、「ぞくぞくするから」。さらに、その後に「熱が出てきた」が続く。

⑪ 4 する
今日は 寒すぎて 花見を する どころでは な

い。
「動詞辞書形+どころではない」の形を押さえよう。「〜のような行動や活動ができる状況ではない」という意味。辞書形「4 する」と「1 どころでは」が結びつく。「する」の前には「花見を」が来るのが適当。「3 寒すぎて」は最初の「今日は」に続くのが適当。

⑫ 1 仕事をやめる
子どもを保育園に あずけられない ために 仕事をやめる としたら もったいない。
最初の「保育園に」の後に来るのは、選択枝の中では「3 あずけられない」しかない。次は「2 ために」か「4 としたら」だが、「あずけられない」ことが原因と考えられるので、後ろには、「ために」が来る。ここを間違わないことがポイント。

⑬ 2 目標として
試合に 勝つこと だけを 目標として 練習してきました。
「試合に」に続くのは、意味から考えると、選択枝の中では「3 勝つこと」が適当。さらに意味から考えていくと「勝つことを目標として練習してきた」となる。「だけを」が入れられるのは、「勝つこと」の後だけ。

⑭ 3 言う
あの人は、えらそうな ことを 言う わりに 何もしない。
「〜(の)わりに」は、「思ったよりも〜」という意味。予想していた結果に比べて、その程度がよかったり悪かったりするときに使う。「〜」の部分には、名詞や動詞、形容詞が来るが、「わりに」に直接、接続できるのは動詞。そこから「言うわりに」と結びつく。そして、「言う」の前には、「言う」内容である「えらそうなことを」が来る。

⑮ 1 にかけて
東京は、今夜 から あした にかけて 雪が降るかもしれない。
「AからBにかけて」という表現を押さえよう。「AとBの2つの時点の間に」という意味で、Aには、

Bより時間的には前のものが来る。ここでは、「今夜からあしたにかけて」というつながりができる。その後に、「3 雪が降る」が来る。最後の「かもしれない」との接続も合う。

16 3 取らせて
すみませんが、来週から2週間 <u>ほど</u> 休みを <u>取らせて</u> <u>いただけない</u> でしょうか。
まず、「いただけない」+「でしょうか」の結びつきが決まる。「休みを」の後には「取らせて」が来る。合わせると、「休みを取らせていただけないでしょうか」という許可を求める表現ができる。残った「ほど」は、「2週間」の直後にしか置けない。

(P.32)
17 1 愛することが
愛されたことのない <u>子どもは</u> <u>人を</u> <u>愛することが</u> <u>できない</u> と言われています。
この問題のポイントは〔愛されたことのない〕という連体修飾節を受ける名詞が「子ども」か「人」か、を判断する点。

18 1 して
森さんは奥さんに家事を <u>もっと</u> <u>ちゃんと</u> <u>して</u> <u>もらいたい</u> らしい。
これは文の後ろからつくろう。「らしい」の前に来ることができるのは「もらいたい」だけ。「ちゃんとする」(＝手を抜かないできちんとすべきことをする)という結びつきを見つけ、その前に「もっと」という副詞を置く。「ちゃんともっとする」とはいえない。

19 2 使って
彼女はファッションに <u>相当の</u> <u>お金を</u> <u>使って</u> <u>いたということ</u> です。
「相当の」と「の」があるため、その後は名詞である必要があるので、「相当のお金を」となる。それを受ける動詞は、「使って」。過去のことについての伝聞の表現「いたということ」がそれに続く。

20 3 にごる
この液体は <u>凍らせると</u> <u>白く</u> <u>にごる</u> <u>ことが</u> あります。
「～することがある」＝「必ずではないが、そうなる可能性がある」という表現を知っているかどうかが1つのポイント。「白く」は副詞として「にごる」の前に来ることがわかれば解答のような語順になる。

21 1 よう
車内に <u>お忘れものを</u> <u>なさらない</u> <u>よう</u> <u>お気を</u> <u>つけ</u> ください。
「気をつけてください」をていねいに言う「お気をつけください」の結びつきをまずつくる。前半は、「忘れものをしないように」のていねいな言い方「お忘れものをなさらないように」となる。

22 1 成功は
彼女の活躍を <u>抜きにして</u> 今度の事業の <u>成功は</u> <u>ありえなかった</u> だろう。
「名詞＋を抜きにして」(＝～がなかったら)という表現と「ありえない」(＝不可能である)という2つの表現の理解が必要な問題。「活躍を」の後ろに来るのは「抜きにして」以外にない。また「成功は」と「ありえなかった」が結びつけられる。「今後の事業の」は「成功」を修飾するので前に来る。

23 4 書こうと
できるだけ <u>カタカナ語の</u> <u>少ない文章を</u> <u>書こうと</u> <u>している</u> 人もいます。
「人」の前までが連体修飾節であることを見抜こう。「宿題をやって来ない人」、「朝早くから仕事をしている人」などと同様の構造である。まず「『書こうと』＋『している』人」という連結ができる。

24 3 発言には
彼の <u>その日の</u> <u>会議での</u> <u>発言には</u> ずいぶんがっかりさせられた。
「彼の発言にはがっかりさせられた」をまずつくろう。残りの3要素のうち、副詞「ずいぶん」はここでは動詞の直前に置く。

解答・解説

25 2 間違いを
先生はていねいに 私の 手紙の 間違いを 直して くださいました。
「〜くださる」の前の動詞は、「て形」になる。「間違い」という名詞を修飾する表現は、「私の手紙の」しかありえない。

26 1 戻して
雑誌を 読み終えたら 元のところに 戻して おいて ください。
「2 おいて」が「動詞て形＋ておく」の「おいて」だとわかることが重要。

(P.33)

27 2 かけて
すぐにわからないと 言わず もう少し時間を かけて 考えてみて ください。
「言わず」は「言わないで」の意味。「わからないと」の後に来るのは「言わず」。次に「もう少し時間を」と「かけて」が結びつけられる。「考えてみて」はその後に来る。この問題に限らないが、並べ終えた後、自分自身が文全体の意味が理解できているかどうかを確認しよう。

28 2 どうかを
この中に、今晩 山田さんが 来るか どうかを ご存知の方が いらっしゃいますか。
この問題の「ご存知の方が」の「方」は、「人」の意味であることを知っている必要がある。

29 1 かまわない
飲み放題というのは、決まった金額を払えば、後は いくら たくさん飲んでも かまわない という システムです。
「飲み放題」ということばを定義している文。定義される「システム」の前には「という」が来る。「飲んでも」を「かまわない」と結びつけ、その前に「後はいくら」を置けば完成。

30 4 おもちゃを
買い物をしているあいだ、おとなしくして いれば おもちゃを 買って あげよう。
与えられたことばから、「親が子どもに話しかけている場面」を想像する。おもちゃを買ってもらえる条件は「おとなしくしている」こと。

31 4 教えて
山田さんは歌や ピアノを 子どもたちに 教えて いらっしゃるって うかがったんですが。
伝聞の内容を、その話題の本人である山田さんにていねいに確認している。「歌や」の後に来ることができるのは「ピアノを」だけ。「子どもたちにうかがった」という連結はできない。適切なのは正解の語順。

32 3 いいという
友だちは 多ければ 多いほど いいという ものでは ありません。
「〜ば〜ほど」と「という＋ものではない」の2つの表現に気づくことが大切。

33 1 ようなら
さっき頼んだラーメン、もし これ以上 時間がかかる ようなら キャンセル してください。
与えられた要素から、注文したラーメンを待っているお客の、店員への一言であることを読み取る。「ようなら」は「であれば」の意味。

34 2 先生の字が
コンタクトレンズを していないと 黒板の 先生の字が はっきりとは 見えない。
副詞「1 はっきりとは」は「見えない」の前に来る。「4 していないと」が「していなければ」の意味だとわかれば「コンタクトレンズを」の後に来ることが決まる。

問題3 文章の文法

文章の内容や流れにあった文やことばを答える問題です。文章中に空欄があり、そこに入れるのに最もよい文法形式の文やことばを選ばなくてはなりません。過去のことか、未来のことか、肯定なのか、否定なのか、など、時制や文を書いている人の気持ちなどを正しく理解することが必要です。また、前後

の文を読んで接続詞を選ぶ問題、文の意味に合う形容詞や動詞の形を選ぶ問題なども出題されると考えられます。

These are questions where you have to answer with the phrase or sentence that best matches the content or flow of the text provided. In the sentences there are blanks, and you must choose the grammatical form or word that best fits, you must accurately determine if the text is in the past or future, if it is affirmative or negative, etc., as well as the tense of the passage and how the writer feels. Further, there may be questions where you have to read the sentences before and after the blank and determine which conjunction fits, or which adjective or verb fits the meaning of the sentence.

回答与文章内容和逻辑层次相符的句子和词语。文章中有空格，要把与最合语法的句子或词语填在空格处。是过去的事，还是将来的事，是肯定还是否定等等，正确理解写这段话的人的意思十分必要。同时，选择前后文的连接词、选择与文章意思相符的形容词或动词等也常常被考到。

문장의 내용이나 흐름에 맞는 문장이나 단어를 답하는 문제입니다. 문장 안에 비어있는 칸이 있어, 그곳에 넣기에 가장 좋은 문법 형식의 문장이나 단어를 고르지 않으면 안됩니다. 과거인가, 미래인가, 긍정인가, 부정인가 등 시제나 글을 쓰고 있는 사람의 기분 등을 올바르게 이해하는 것이 필요합니다. 또한, 전후의 문장을 읽고 접속어를 고르는 문제, 문장의 의미에 맞는 형용사나 동사의 형태를 고르는 문제 등도 출제됩니다.

【解答】

3-1
① 3　② 4　③ 3　④ 1　⑤ 3

3-2
① 3　② 4　③ 2　④ 1　⑤ 1

3-3
① 2　② 1　③ 4　④ 3　⑤ 2

3-4
① 3　② 2　③ 1　④ 3　⑤ 1

3-5
① 4　② 1　③ 3　④ 1　⑤ 2

3-6
① 2　② 4　③ 3　④ 1　⑤ 3

3-7
① 4　② 3　③ 2　④ 1　⑤ 3

【解説】
(P.34-35)
3-1

① 3
「出る杭(くい)は打たれる」の説明をしている部分。才能や能力がある人は目立つ。「そういう人」というのは「才能や能力があって目立つ人」のこと。他の人から憎まれること、じゃまされることが多い、という意味が来ることが推測できる。この意味になるのは選択枝3。「じゃまをされたりしやすいものだ」となるのが正解。

② 4
「いくら～でも」の形を押さえよう。「どんなにたくさん～しても」という意味。ここでは、「どんなに才能や能力があっても、それを表に出して自慢するのではなく、おとなしくしているほうがいい」という意味が合う。選択枝4が合う。

③ 3
第2段落は、「出る杭＝才能や能力があって目立つ人」は、学校や職場ではいじめられたり、批判されたりすることが多い、と書かれている。そういう社会はとても息苦しい（＝生きることが難しい）という意味になることが推測できる。「なんて～だろう」は、驚いたりあきれたりしたときに、その気持ちを言うときに使う表現。「なんて息苦しい社会だろう」となる選択枝3が合う。

④ 1
接続詞を選ぶ問題の場合は、前の段落と後ろの段落に書かれている内容を比べてみる。前の段落までは、「出る杭は打たれやすく、生きにくい」ということが書かれている。後ろの段落は、いろいろなビジネスを成功させた人（才能のある人）が、「出すぎた杭は打たれない」と言っている。つまり、逆の意味のことが書かれている。選択枝の中で逆接になるのは「1　けれども」。

解答・解説

5 3
結論の部分。「どんどん出る杭になろう」と言っている。打たれることを怖がらないで、どんどん出る杭になろう、ということ。「怖がらないで」→「3 恐れずに」が正解。

(P.36-37)
3-2
1 3
わかりやすい文にすると、「私は、その家のお母さんに、花を（　　　）。」自分が相手に花をあげたので、「1 おくっていただきました」「2 おくってもらいました」は×。また、「4 おくってやりました」の「やりました」は、立場の上の者から下の者に何かをしてやる、という意味なので、ここでは×。上下関係を示す意味が含まれない「3 おくることにしました」が適当。

2 4
空欄の前では、「私」は、お父さんから「すてきだね」と言われると思っていたのに、空欄の後では、お父さんから「新聞でつつむのはやめたほうがいいよ」と言われた、という流れ。つまり、空欄の前後では逆のことが述べられている。選択枝の中で逆接の意味があるのは「4 どころか」。「AどころかB」の形を押さえよう。AとBでは正反対のことが述べられる。

3 2
英字新聞でつつんだ鉢植えをお父さんに見せたとき、「新聞でつつむのはやめたほうがいい」と言われた、という流れ。私は、「すてきだね」と言われると思っていたのに笑われた、という残念な気持ち、後悔する気持ちでいることが推測できる。そういう気持ちを表すのは「2 笑われてしまったのです」が適当。

4 1
英字新聞は、日本人の私にとってはおしゃれに見えた。しかし、オーストラリア人の彼らから見ると、おしゃれでもなんでもない、という流れ。「彼らから見ると」→「彼らにとっては」という流れが最も合う。

5 1
日本の花屋ではお墓に飾る菊の花を日本語の新聞でつつんで売っている。これを日本人はどう思うのか、を考える。この文の前では、「オーストラリア人にとって英字新聞でつつむことはおしゃれではない」と言っている。「それと同じ」と言っているので、2と3の選択枝は×。「4 感じませんでした」としてしまうと、感じなかったのは過去のことになってしまう。現在も感じないので、答えは「1 感じません」が適当。

(P.38-39)
3-3
1 2
最初の文で、コンピューターの技術が進歩している、後からいくらでも写真を直すことができる、と言っている。「しみをとる」「体を細く見えるようにする」ことは写真を直すこと。2の「とても簡単にできる」が合う。

2 1
雑誌に載せるのを禁止された理由を答える。ヒントは 2 の後ろにある「その女優の肌の色があまりにもきれいだったため」の部分。「あまりにもきれい」→1の「美しすぎる」が答え。

3 4
「肌の色があまりにもきれいだった」ということから、化粧品の効果を実際よりも「高く」見せたことが問題になった、と考えられる。

4 3
「修正をしたことは認めたが」の「が」に注目。後ろには反対の事柄が来ることが多い。「明らかになっていない」という意味が来るので、合うのは1か3。1の「明らかにできない」だと、後ろに「と言っている」などが必要。3がこの文には合う。

5 2
「このような方法で利用する」の「このような」は、写真を実際よりもよく見せるように修正すること。そのような修正をすることは、商品に対する信頼を

失うことになる、という意味が合う。2の「失いかねない」は「失うおそれがある、失ってしまうかもしれない」という意味。悪いことが起きそうなときに使う表現。3と4は、⬜5⬜の前の部分では、まだ信頼を失っているとは言っていないので、失っていないものを「取り戻す」「取り戻せない」というのは合わない。1の「～がちだ」は「そのような傾向がある」という意味。

(P.40-41)
3-4
⬜1⬜ 3
筆者は朝起きたばかりの時間を、それまでどう考えていたのか、を答える。ヒントは、⬜1⬜の後ろの「むしろ～のだそうだ」の部分。「むしろ」以下に述べられていることと反対のことを答えればよい。「脳は働いていない」という内容が来ることが推測できるので、1か3に絞られる。1の「もう」は、「すでに働いていて、これ以上は働かない」という意味なので合わない。合うのは3。

⬜2⬜ 2
前後の文を読み比べてみよう。筆者は前の部分では、まだ「朝活」をしていなかったが、後ろの部分では、友だちの話を聞いて朝活をすることにした、という流れ。前の事柄が原因や理由になって、次の事柄が起きるという意味があるのは、2の「そこで」。

⬜3⬜ 1
英語の勉強をしはじめて筆者はどう思ったのか、が答え。「最初はまったくわからなかった」のだから、「聞き取れるようになんて、なれるはずがない」という意味が合う。これに合う口語的な表現は、1の「なれっこない」。

⬜4⬜ 3
最初に感じたことがa、勉強を1カ月続けて感じたことがbに来る。aは最初はまったく聞き取れなかった、つまり「速いと感じた」が適当。bは「だいぶ（　　）聞こえるようになってきた」とあるので、速いと感じていた話しかたが、それほど速く感じなくなったという意味が合う。この条件に合う選択枝は3。

⬜5⬜ 1
「朝早く起きるようになって、体調もよくなった」という意味。「～せい」は前の事柄が原因で、後ろの事柄が起きる、という意味。原因が本当にそれだと言い切れない場合、「～せいか」という表現で使う。例：年齢のせいか、疲れやすい。

(P.42-43)
3-5
⬜1⬜ 4
この文章全体のテーマを示している部分。「物をたくさん持っている人」と「ほとんど持っていない人」のどちらが自由だと言えるか、という問いかける形で示している。否定の意味になる1と2は×。また過去のことについて言っているわけではないので3も×。

⬜2⬜ 1
「私」は、好きな作家の本を全部買って本ばこに並べることをどう感じていたのか、を答える。⬜2⬜の後ろの部分を見ると、好きなものを手元に置いておくのがよいと思っていた、という内容が述べられている。これに合うのは1か2。感情を表すのは、1の「うれしい」。

⬜3⬜ 3
筆者は、本やCDが手元にないことをどう考えていたのか、を答える。前の部分から、筆者は本やCDは手元にそろえておきたい、と考えていたことがわかる。つまり、手元にないのは不自由だ、ということ。

⬜4⬜ 1
⬜4⬜の前では、「部屋が物を置いておく場所になってしまった」と言っている。⬜4⬜の後は、「片付けておくためには時間と手間がかかる」と言っている。つまり、筆者にとって悪い条件が2つ、続けて述べられている。この意味に合うのは「しかも」。

5 2

この文章の結論にあたる部分で、最初に示された「物をたくさん〜言えるだろうか」に対する答えになる部分。物をたくさん持つことによって、部屋が物を置くだけの場所になってしまったり、片付けるために時間や手間をかけなくてはならないことに筆者は気づいた。これを受けて、本当に自由なのは「物を持たないこと」という結論になることがわかる。4の「物を捨てる」も合いそうだが、最初の文に対応するものとしては2のほうが適当。

(P.44-45)
3-6
1 2

この文章は、新聞で読んだことを報告しているもの。そこから考えると「その記事に」の後には、伝聞の表現がふさわしい。伝聞の最も一般的な表現の1つ「〜によると」が合う。

2 4

子どもたちには、それぞれ自分が将来したい仕事があるだろう。「したい（やりたい）仕事＝なりたい職業」と考えれば、2-aが決まる。「なりたいもの（＝職業）なら」の後には、「何に（＝パイロット、ファッションモデル、カメラマン……）でも」が続く。

3 3

筆者は100という数（＝子どもがこのテーマパークで経験できる職業の数）を多いと考えていると推測できる。「100はないけれど、その数と同じくらい」という意味になるのは「3　近く」。

4 1

この段落の前半は、「仕事は楽しいものである」という社長のことばであり、後半は、その社長のことばを証明するような子どもの様子を示す写真について書かれている。「それを裏付けるように」というような意味になる接続詞は「1　確かに」。

5 3

「行列が」の後に続く動詞を見つける問題。「行列が」の助詞「が」に続くのは、「3　できていた」。

(P.46-47)
3-7
1 4

この段落の「不注意で、自分の大切なかばんを」「警察に届けは出しました」「見つからず、落ちこんで」などから「落とした」「紛失した」「失くした」などの動詞が来ることが推測される。その後には、「好ましくない、いやな思い」を表す「〜しまった」という文末表現を加えたものを正解として選ぶ。

2 3

「大切なもの」「なければ困るもの」を別の表現で言えば「なくてはならないもの」。

3 2

文章の流れを理解し、ふさわしい表現を補う。返事を書くのが遅い筆者なのに、このメールにはすぐに返事を書いたということを伝えようとしている。

4 1

ここは、ある動作の後、それを受けて別の動作が起こったという意味であるから「伝えると」が適切。

5 3

筆者のメールを読んだ教え子がくれた返事の中のことば。伝聞の「とのこと」が適切。

問題4　内容理解（短文）

150〜200字程度の短い文を読んで、内容に合うものを選ぶ問題です。文の内容は学習、日常生活、仕事などに関する話題のほか、さまざまな指示文、説明文、手紙・メール文などが出題されます。筆者が一番言いたいことをつかむ問題、文章が書かれた意図や目的を読み取る問題、文の中のポイントとなる文や表現の意味を正しく読み取る問題などが出題されると考えられます。

These are questions where you have to read a passage of about 150-200 characters and choose the answer that best matches the content. The content of the passages is: academic, daily life, work, etc., as well as things like instructions, explanations, letters and email. There will be questions that ask you to grasp the writer's main point, or things like a passage's intention or purpose, or the correct meaning of a passage's key sentence or expression.

阅读150～200字的短文，选择与内容相符的选项。文章的内容有与学习、日常生活、工作等相关的话题，体裁包括各种指示文件、说明文、信件、电子邮件等。搞清楚笔者最想说的事，以及理解文章写作的意图和目的。常常会考是否能正确阅读理解那些能够代表文章要点的句子和表达方式。

150～200자 정도의 짧은 글을 읽고, 내용에 맞는 것을 고르는 문제입니다. 글의 내용은 학습, 일상 생활, 일 등에 관한 화제 이외에, 다양한 지시문, 설명문, 편지・메일 등이 출제됩니다. 저자가 가장 말하고 싶은 것을 파악하는 문제, 문장이 쓰여진 의도나 목적을 읽어내는 문제, 글 안에 포인트가 되는 문장이나 표현의 의미를 올바르게 읽어내는 문제 등도 출제됩니다.

【解答】

4-1 ① 3   4-2 ① 2   4-3 ① 4

4-4 ① 3   4-5 ① 4   4-6 ① 2

【解説】

(P.48)

4-1   3

ヒントは3文目にある「受講料の支払い方法について、ご連絡いたします」というところ。その下を見ると、支払い方法が書いてあり、最後に「お金が支払われたことが確認できましたら申し込みが完了したことになります」とある。ということは「正式に申し込みをする方法」を知らせている内容ということになる。

(P.49)

4-2   2

「十月ざくら」について説明しているのは、第2段落の2文目以降。「秋の終わりから～花をさかせ続けます」という説明がある。「一つ、また一つと、花をさかせ続けます」ということは「少しずつ、花をさかせる」という意味。

(P.50)

4-3   4

筆者の最も言いたいことをつかむ問題。筆者が言いたいことは、たいてい、文章の最後のほうに出てくる。この文章でも、言いたいことは最後にある。「銀メダル」は負けてもらうもの。「負けて学ぶことは勝って学ぶことより多いはず」「くやしい思いは人を動かす強い力にもなる」「負けてもらう銀メダル、悪くないと思う」ということから、銀メダルを評価していることがわかる。

(P.51)

4-4   3

簡単な計算をする問題。条件にしたがって計算しよう。まず、Aさんは会員なので一般価格の10%引きでチケットを買うことができる。一般価格5000円の10%引きは4500円。これを3枚買うので1万3500円。さらに、「3コンサート以上申し込んだ方は、合計金額から1000円安くいたします」という条件があてはまるので、1万3500円－1000円で、答えは1万2500円。

(P.52)

4-5   4

著者が最も言いたいことは、文の最後に置かれることが多い。この問題もその例である。「どの子どもにも有効なほめかたやしかりかた」というものはなく、日々自分の子どもと接するなかで、彼らの性格、性質、持ち味を見極めるのが親の仕事だと言っている。

(P.53)

4-6   2

このような問題に取り組むときは、選択枝に書かれている内容が、「本文のどこに書かれているか」を確認していくことが大切。この問題の場合、1は③に、2は①に、3は②に、4は④に書かれている。読み比べて合っているのは2。本文中の表現やことばをそのまま選択枝の中でも使っているのではなく、意味はほとんど同じなのだが、言い換えられている場合も多いので注意しよう。選択枝2の「有料の」は「入場料が必要」とだいたい同じ意味。また「セミナー」は「集会」と同じ意味である。

問題5　内容理解（中文）

300字程度の文章を読んで、内容に合うものを選ぶ

問題です。文の内容は、身近な話題のエッセイ、説明文などです。原因や理由を読み取ったり、キーポイントとなる文の意味を答えたり、全体的にどのような論理展開がなされているかなどを読み取る問題が出題されると考えられます。文の中のことばを別の表現で言い換えるとどうなるか、まとめる力も必要です。

These are questions where you have to read a passage of about 300 characters and choose the answer that best matches the content. The content of the passages is : essays about topics at hand, explanations, etc. There will be questions that ask you to find the cause or reason, or answer the meaning of the sentence that contains the key point, or answer about the overall logical development of the passage. You need the skill to know if you can paraphrase the passage words and determine how the whole thing will change if you do, as well as the ability to summarize.

阅读300字左右的文章，选择与内容相符的选项。文章的体裁有身边的话题的随笔散文，说明文等等。常常会考到理解某些原因或理由、回答关键句的意思、文章整体使用了怎样的论证展开方法等等。替换文中词语会产生什么效果，及总结能力也十分必要。

300자 정도의 문장을 읽고, 내용에 맞는 것을 고르는 문제입니다. 글의 내용은 친밀한 화제의 에세이, 설명문 등입니다. 원인이나 이유를 읽어내거나, 키포인트가 되는 문장의 의미를 답하거나, 전체적으로 어떠한 논리 전개가 이루어져 있는지 등을 읽어내는 문제가 출제됩니다. 글 안의 단어를 다른 표현으로 바꾸어 말하면 어떻게 되는지, 정리하는 힘도 필요합니다.

【解答】

5-1
|1| 1　　|2| 4　　|3| 2

5-2
|1| 2　　|2| 1　　|3| 3

5-3
|1| 4　　|2| 3　　|3| 2

5-4
|1| 2　　|2| 1　　|3| 3

5-5
|1| 2　　|2| 1　　|3| 3

【解説】
(P.54-55)
5-1
|1| 1
緑茶と紅茶の違いについて書かれているのは第1段落。「緑茶」「紅茶」に加えて「抹茶」についても述べられているが、ここで問われているのは「緑茶と紅茶」なので、間違えないようにしよう。緑茶の特徴は2文目に書かれている。紅茶の特徴は第1段落の最後の文「違うのは〜」の部分。緑茶は摘んだ後、熱を加えて発酵させないようにしたもの、紅茶は熱を加えずに完全に発酵させたもの。

|2| 4
緑茶が20年たって、どのような飲み物になったか、を答える。それが書かれているのは、第2段落。もともと買って飲むものではなく、家で入れて飲むものだった→缶入りの緑茶が売られるようになった、と書かれている。

|3| 2
緑茶が売れている理由が書かれているのは、最後の文「甘い成分が入っておらず、健康によい」の部分。

(P.56-57)
5-2
|1| 2
この文章に書かれていることと違うものを選ぶ問題。選択枝を見ると、1は、3文目に「文字だけの本を読むのは〜子ども向けに作られたものが多い」とあるので、本文と合っている。2は、「大人向けのものはない」とあるが、3文目の後半に、「大人向けの『学習まんが』もある」と書かれているので、これは本文と合っていない。3は、第2段落の1文目に「その内容は専門家が〜しっかりと学べるようになっている」とあるので合っている。4は、第1段落の2文目に「歴史や経済など、〜まんがで示したもの」とあり、合っている。

|2| 1
まんがで勉強することについて、この文章で言っていることと合っているものを選ぶ。1は、第2段落

の2文目に「しかし、大人の場合、〜まんがで勉強することには、否定的な人もいる」とある。「否定的」とは「よくない、認めない」という意味なので、これは合っている。2は、「『（まんがより）文字で勉強するほうがレベルが高い』」と考えていないだろうか」と言っているが、「レベルが高い」は「高度な知識を得られる」ということではないので×。3は、「子どもにまんがで勉強させるのはよくない」とは言っていないので×。4は、「その内容は専門家がきちんとチェックしていて、しっかり学べるようになっている」と言っていて、「まんがではちゃんと知識が身に付かない」とは言っていないので×。

3　3

「まんがで学ぶこと」と「文字で学ぶこと」を比べて、この文章ではどう言っているか、を選ぶ。筆者の考えは最後の部分。「最終的に、〜低いは関係ない。」とある。つまり、まんがか文字かにかかわらず、最終的に知識が身に付けばいいのだから、その人が理解しやすい方法がよい方法だ、ということ。

(P.58-59)
5-3
1　4

「私の頭から去ることはありません」という文が表す具体的な意味を答える問題。「去る」の主語は、すぐ前の「このことば」すなわち「もっといいものは、いつもある」。「頭から去ることがない」は、いやな記憶などが忘れられないときなどにも使う表現であるが、最後まで読めば、著者はこのことばを、自分が生きていくうえで、大切にしたいことばとして、いつも忘れないでおこうと考えていることがわかる。

2　3

「今の自分以上のもの」になる、という文が表す具体的な意味を答える問題。「自分以上」と言っても体重や身長という物理的な大きさのことではなく（選択枝1）、収入のような物質的なもの（選択枝2）でもない。ここでは「あることに成功しても、それで満足するのではなく、さらにそれを超えるようなことにチャレンジする人間」という意味の3を選ぶ。

3　2

筆者がこの文章で言いたいことを考える問題。「もっといいものは、いつもある」ということばと『成功は一日で捨て去れ』という本のタイトルに共通している考え方は何かを考える。それが書かれているのは、第2段落の後半「でも〜残念なことではないでしょうか」の部分。この内容に近いのは2。

(P.60-61)
5-4
1　2

「それがひどくなった」の中の指示語の「それ」が指す内容と、この場合の「ひどい」の意味の理解が解答のポイントになる。「それ」が指すのは「もともと待つのが苦手だった」の部分。「ひどくなる」は、この場合は「あるものの程度がさらに進む」。つまり「以前よりもっと待つことができない程度が進んだ」と理解し、選択枝2を選ぶ。

2　1

「かむ力」はここでは「ある程度以上の固さ（＝難しさ）を持ったことに対する理解力」のたとえとして使われている。それが「弱くなる」とはどういうことか、を考える。

3　3

インターネットを使ってものごとを調べることには「長所」もあるが、同時に「短所」もある。そのことに気がついた著者が、本文で、このままでよいのかどうかを、自分自身に問いかけている。

(P.62-63)
5-5
1　2

「自分自身の変化によって、村上監督の作品への評価が変わった」というのがAさんの、この文についての解釈。子どものときには理解できなかった村上監督の映画が、自分自身の年齢とともにわかるようになった、という意味を表している選択枝2が適切。

2 1
使役受身の表現「（映画を）見せられる」は、ここでは「したくないことを、（無理やり）させられる」という意味。それほどいやだったのが、「最後は感動しました」という気持ちにまで変化した、というのがCさんの気持ちだと考えられる。

3 3
「にぎやか」は「うるさい、騒がしい」というマイナスの意味ではなく、学生たちが活発に意見を言ってくれたことを表している。

問題6　内容理解：長文

550字程度の文章を読んで、内容に合うものを選ぶ問題です。文の内容は、エッセイ、解説文、評論文などです。ポイントとなる文の意味を答える問題、文章全体で何を伝えようとしているのか、どのような論理展開がなされているのか、筆者の考えを読み取る問題などが出題されると考えられます。文章の量が多いので、速く読む力と同時に、文章の流れを的確につかむ力が必要です。

These are questions where you have to choose the answer option that best matches the content of a passage of about 550 characters. The passages include essays, explanations, critiques, etc. There may be questions which ask you to find the meaning of the sentence which contains the main point, the overall main idea of the passage, what is the logical development, what is the author's opinion, etc. The passages are long so you need the skill to read quickly while accurately grasping the flow of the passage.

阅读550字左右的文章，选择与内容相符的选项。文章的体裁包括随笔散文、解说文、理论文等等。常常会考到，回答关键句的意思、全文要传达的是什么？使用了什么论证展开方法，笔者的思路等等。由于文章字数较多，因此在快速阅读的同时，必须具备准确把握文章的逻辑关系等能力。

550자 정도의 문장을 읽고, 내용에 맞는 것을 고르는 문제입니다. 글의 내용은 에세이, 해설문, 평론문 등입니다. 포인트가 되는 문장의 의미를 답하는 문제, 문장 전체로 무엇을 전하려고 하고 있는지, 어떠한 논리 전개가 이루어지고 있는지, 저자의 생각을 읽어내는 문제 등이 출제됩니다. 문장의 양이 많으므로, 빠르게 읽는 능력과 동시에, 문장의 흐름을 정확하게 잡는 능력이 필요합니다.

【解答】
6-1
1 4   2 1   3 3   4 3

6-2
1 1   2 1   3 2   4 3

6-3
1 3   2 1   3 2   4 3

6-4
1 4   2 2   3 1   4 1

【解説】
(P.64-65)
6-1
1 4
本文で言っていないことを答える。東京が暑くなった理由が述べられているのは第2段落。選択枝1の「エアコンの室外機から～」、2の「アスファルトで～」、3の「海沿いに～」は、みな、第2段落に書かれている。4の「部屋の中に日差しが入るのを防ぐ工夫をしなくなった」というのは、第3段落では、「夏の間、葉が生い茂る植物を育てて～取り入れているところが増えている」と、むしろ逆のことを言っているので、これが「言っていないこと」になる。

2 1
「工夫」の具体的な例が、「例えば」以下の部分で述べられている。「葉がよく生い茂る植物を育てて～部屋の気温を下げる働きがある」が、それにあたる。選択枝の中では1が合う。

3 3
「打ち水」の説明は、第4段落。「庭や道路に水をまき～気温を下げるもの」とあり、その水は「水道水ではなく～ためて使う」とある。選択枝の中では3が合う。

4 3
「それ」が指すものは、たいてい、その前にある。ここでも、「それ」が指しているものは直前にあり、「自然の力と知恵を使おう」の部分が、それに当たる。

(P.66-67)
6-2
① 1
「その」に当たるのは、この文のすぐ後にある「体を温める物を『陽』～と分けているのです」の部分。「その」は、前に出てくるものを指すことが多いので、2と思うかもしれないが、このように後ろに出てくるものを指すこともある。

② 1
「陽」の食べ物の例をあげているのは、下線②の直後の部分。「寒い地方が産地」とあるのに、1の選択枝は反対のことを言っているので、これは当てはまらない。4の「固いもの」という選択枝は、「陰」の食べ物の例をあげている文の中に「固いものより柔らかいもの～」の部分から、「陽」の食べ物だと推測できる。

③ 2
この文章の最後に「冷え性の方は、夏もできるだけ体を温める食べ物を～」とある。つまり、「体を温める＝陽の食べ物」がよいということ。合うのは2。1は、「キュウリ」は「陰」の食べ物だと言っているので×。3は、冬については本文では言っていないので×。4は、「大豆」は「平」の食べ物で、特に「平」のものを食べると冷え性によいとは言っていないので×。

④ 3
1は「必ず加熱する」とは言っていないので×。2は「バランスよく食べることが必要」とは、この文章では言っていないので×。4は、本文の最後から2文目に「『陰』の食べ物でも、熱を加えて料理すると温める食べ物になったり」とあるので、「基本的な性質は変わらない」というのは×。3が、この部分と言っていることが合っているので○。

(P.68-69)
6-3
① 3
「リサイクル」について、具体的に述べられているのは第3段落。「ごみとなった廃棄物を利用して資源をつくり出す」とある。これと同じ意味を表しているのは3。1は「新しいエネルギーを生み出す」とは言っていないので×。2は「熱エネルギーを生み出す」とは言っていないので×。4は「熱で資源をつくる」とは言っていないので×。

② 1
「リデュース」について、具体的に述べられているのは第4段落。「ごみをできるだけ減らそうという考え方」とある。2、3、4の選択枝はみな、ごみを減らす方法なので当てはまると考えられる。1はきれいな包装紙や袋を集めることはごみを減らすことにはならないので×。

③ 2
「こうした取り組み」とは、3Rの考え方に基づいた取り組みという意味。1は「リユース」にあたる取り組み。3は「リサイクル」にあたる取り組み。4は「リデュース」にあたる取り組み。2は、紙や袋の色が派手かどうかは3Rには関係ない。

④ 3
この文全体から「循環型社会」とは何かをとらえ、合っていないものを答える。1は第1段落に「資源を効率よく使って～仕組みのこと」とある部分と合っている。2は第2段落に「これを支える基本的な考え方が3R」とあるので合っている。4は最終段落に「自治体や企業も加わって～」の部分と合っている。3はリサイクルできる資源が不足しているとは本文のどこでも言っていない。したがって合っていないのは3。

(P.70-71)
6-4
① 4
「そこ」とは、文の流れから、1～3の選択枝すべてを含んだ場所、と考えられる。直前の「個人のブログ」と間違わないように。

② 2
「メディアリテラシー」について、具体的に説明されているのは、第2段落の後半部分。「必要な情報

を引き出す」「本当かうそか見抜く」などの説明がある。これに合っているのは2。

3 1

「それ」が指している内容は「新聞やテレビの言っていること」。第3段落で、発信された情報には書いた人の考え方が入っていて、最初からかたよっていると思ったほうがいいと言っていること、第4段落の最初で「新聞もテレビも同じ」「人がつくっている以上、そうではない」などと言っていることから、1が合う。

4 1

本文全体を通して言っていることは、個人のブログも新聞もテレビも、人が書いたりつくったりしている情報にはかたよりがあるので、そのまま信じてはいけない、ということ。これに合うのは1。

問題7 情報検索

施設の利用案内、広告パンフレット、アルバイトの募集広告など、600字程度の情報素材から、指定された条件に必要な情報を探す問題です。情報素材全体を見て自分に合う条件のものを探す問題、提示された条件に最も合うものを選び出す問題などが出題されると考えられます。例えば、図書館や公共施設の利用案内、商品カタログや講座の案内、募集要項、旅行パンフレットなどの情報素材をよく読む訓練をしておくとよいでしょう。

These are questions where you have to search for the necessary information matching the conditions provided from facility guides, advertising pamphlets, and job advertisements of about 600 characters. There will be questions where you have to search for information, from the text as a whole, that matches the criteria as well as questions where you have to choose which option best matches the criteria provided. It is a good idea to practice reading several different information materials, such as library or public facility use guides, product catalogues and course guides, guidelines for job applicants and travel brochures.

从设施的利用手册、广告册、打工的招工广告等600字左右的信息体裁中,按指定的条件找出必要的信息。常会考从全部信息中找出符合自己条件的信息,或找出与提示条件相符的信息等。例如,图书馆或公共设施的利用指南、商品说明书、讲座指南、招生简章、

旅行宣传册等等。最好加强以上等类文章的阅读训练。

시설의 이용 안내, 광고 팜플렛, 아르바이트의 모집 광고 등, 600자 정도의 정보 소재로부터 지정된 조건에 필요한 정보를 찾는 문제입니다. 정보 소재 전체를 보고 자신에게 맞는 조건을 찾는 문제, 제시된 조건에 가장 맞는 것을 골라내는 문제 등이 출제됩니다. 예를들어, 도서관이나 공공 시설의 이용 안내, 상품의 카달로그나 강좌의 안내, 모집 요항, 여행 팜플렛등의 정보 소재를 잘 읽는 훈련을 해 두면 좋을 것입니다.

【解答】

7-1
1 4 **2** 3 **3** 2

7-2
1 2 **2** 1

7-3
1 2 **2** 1 **3** 3

7-4
1 2 **2** 2

【解説】

(P.72-73)

7-1

1 4

チャンさんの条件は「4月〜8月まで日本にいる」「日本文化に関するもの」。選択枝にあげられているものを照合していくと早い。1は、Aの講座は特に日本文化に関係しておらず、期間も当てはまらないので×。2は、Bの講座が日本文化と関係ないので×。3は、Cの講座は「内容」のところを見ると「日本の伝統料理をつくる」とあるので候補になる。期間も条件に当てはまる。Eの講座は、期間が10月までなので×。4の選択枝にあるFを見ると、前半は日本の踊り・ダンスについて学ぶとあり、期間も、「前半は4月〜7月」とあるので条件に合う。CとFの組み合わせの選択枝4が正解。

2 3

「料理をつくる講座」とはCのこと。料金は1万5000円。Bは、料理を紹介するだけで「料理はつくらない」とあるので間違えないように。次に「ダンスの講座」はFのこと。前半だけ通うとあるので、料金

解答・解説

は1万8000円。合わせると3万3000円になる。

③ 2

「自分で食べるものを育てたい」「短い期間」の条件に当てはまるものを探す。「食べるものを育てる」講座はAかB。期間が短いのはB。Cは料理の方法を習うだけで、自分で育てるわけではない。

(P.74-75)
7-2
① 2

【募集しているボランティア】のところを見る。1の翻訳は「自宅にパソコンがあること」が条件になっているが、ユンさんは持っていないので×。2は「時間が自由な方」が条件になっているが、ユンさんは授業のない月曜と木曜しか活動できないので×。3は月・水・金・土・日のいずれかの中で週に3時間、活動ができればいい。ユンさんは授業がない月曜日に3時間、活動することが可能で、日本語力も問題ないのでこれは○。4は活動日に木曜日が入っており、日本語力も問題ないので○。5は活動日に月曜と木曜が入っており、日本語力も問題ないので○。参加可能なのは3、4、5の3つ。

② 1

【応募方法】のところを見る。問われているのは「面接のときに用意するもの」。答えは「その申込書を記入して持ってきてください。また、顔写真2枚もご用意ください」の部分。

(P.76-77)
7-3
① 2

条件に「日帰り」とあるので、まず、日帰りのものを探す。選択枝のうち、1のA、2のC、3のEがそれに当たる。次に料金を計算してみる。Aは「大人1人8000円+子ども4000円×2人」で1万6000円。Cは「大人1人8000円+10歳の子ども5000円+5歳の子ども2000円」で1万5000円。Eは「大人1万円+10歳の子ども1万円+5歳の子ども3000円」で2万3000円。一番安いのはC。

② 1

まず条件に「食べ物か飲み物の工場」とあるので、A〜Eが候補になる。次に料金の条件は1人1万円以下なので、BとDは候補から落ちる。残るのはA、C、E。CとEはお酒の試飲は20歳以上となっているが、参加できないとは書いていないので、この3つが参加可能。

③ 3

まず条件に「工場見学だけではなく、それ以外の所にも行けるもの」とあるので、B、D、Eが候補になるが、Dは子どもは参加できないとあるので候補から落ちる。一方、Fは1人2000円出すと温泉に行くことができるとあるので、候補に入る。次に料金を計算してみる。Bは「1万2000円×2人+6000円」で3万円。Eは子どもが8歳なので子ども料金にならないため「1万円×3人」で3万円。Fは工場見学の分は「9000円×2人+子ども5000円」で2万3000円。温泉の分は「2000円×3人」で6000円、たすと2万9000円。いずれも3万円以下なので、この3つが候補となる。

(P.78-79)
7-4
① 2

まず、時給を見ると、Cは希望に合わないので×。Aは、応募資格・時給は希望に合う。また、火曜〜金曜の午後は授業がないため、週3日来ることができるので○。Bは、応募資格・時給は希望に合うが、月曜の午後は合わない、土曜もほかのアルバイトがあるので合わないということで、週3日という条件は満たせないため×。Dは、応募資格は合うので、曜日と時間の条件を見る。月曜の午前は①の時間帯はOK。②は時間と時給の希望が合わない。③は水、木曜ならOK。②以外はOKなので応募はできる。Eは、午前10時〜午後6時の時間帯が空いているのは週に3日しかないので、週4日以上という条件が満たせないので×。Fは、日曜日なら1日空いているので○。まとめると、A、D、Fの3つに応募することが可能。

32

2 2

まず、応募資格のところを見ると、17歳の高校生でも応募できるのは、B、D、F。Cは「高校生は不可」とあるので、Cの入っている選択枝1と3は候補から落ちる。Bは、曜日と時間は希望に合うので○。Dは、①と②は高校生でもできるので○。Fは、時間が希望の4時間を超えているので×。したがって答えは選択枝2（BとD）。

第3部　聴解

問題1　課題理解

会話（例：会社の上司と部下の会話、先生と学生の会話）や、独話（例：先生などによる説明）などを聞いて、指示されている助言や条件を聞き取り、次に何をするのがよいか、最もふさわしいものを選ぶ問題です。いくつか「やらなくてはならないこと」が出てくるので、やる順番を整理しながら聞き取らなくてはなりません。また、用意するべきことや買うべき物などを聞き取る問題も出題されます。選択枝が問題用紙に示される問題なので、聞きながらメモを取るとよいでしょう。

In these questions, you have to listen to things like conversations (for example: conversation between a boss and a subordinate in an office, conversation between a teacher and a student) or monologues (for example: a teacher's explanation), catch the advice or instructions, and choose what is the most suitable answer option for what is the next thing to do. There are several「やらなくてはならないこと」, 'things that have to be done,' that will come up, but you must catch the correct order for them. Further, there will be questions that ask you to catch what needs to be prepared, or what needs to be bought. The answer options are printed in the test booklet, so it is a good idea to take notes as you listen.

先听对话（例如，公司的上级和下级的对话、老师和学生的对话）或独白（例如，老师的说明）等，再听所提示的话和条件，然后选择下一步要做什么，选择最合适的选项。会出现若干"必须做的事"，所以必须一边听一边整理事情的先后顺序。有时还会考到应该准备什么东西或应该买什么东西。答题纸上提示有选项，所以注意边听边记吧。

회화 (예: 회사의 상사와 부하의 회화, 선생님과 학생의 회화) 나, 독백 (예: 선생님 등에 의한 설명) 등을 듣고, 지시되어 있는 조언이나 조건을 듣고 이해하여, 다음에 무엇을 하는 것이 좋은지, 가장 적합한 것을 고르는 문제입니다. 몇 가지「하지 않으면 안 되는 것」이 나오므로, 하는 순서를 정리해가면서 듣지 않으면 안 됩니다. 또한 준비해야만 하는 것이나 사야만 하는 것 등을 듣는 문제도 출제됩니다. 보기가 문제 용지에 제시되는 문제이므로 들으면서 메모를 하면 좋을 것입니다.

◎ Disc1 1〜15

【解答】

1番	3	2番	4	3番	1	4番	3
5番	2	6番	1	7番	4	8番	3
9番	3	10番	2	11番	3	12番	4
13番	2	14番	3	15番	4		

【解説】

1番　3

最初にすることを答える問題。そのヒントになるのが、最後の先生のことば「まずはそれが一番ですね」。「それ」は、その前の「大急ぎで、工場に連絡しなくては」を指す。答えは3。このように、前に出てきたものを「それ」などと言い換えることが多いので、聞き逃さないように。

In this question, you must answer what must be done first. The hint for it is what the teacher says last,「まずはそれが一番ですね」. The「それ」refers to what comes before it,「大急ぎで、工場に連絡しなくては」. The answer is 3. As in this question, words like「それ」, 'that,' are often used to refer to something that comes before it, so be sure not to miss it.

回答最先要做的事。做出提示的是老师最后说的话「まずはそれが一番ですね」。「それ」指的是此前的「大急ぎで、工場に連絡しなくては」。答案是3。像这样先出现的事用"那个"等来替换的情况比较多，不要听漏了。

맨 처음 할 것을 답하는 문제. 그 힌트가 되는 것이 마지막의 선생님의 말「まずはそれが一番ですね」.「それ」는 그 앞의「大急ぎで、工場に連絡しなくては」를 가리킨다. 답은 3. 이와 같이 앞에 나온 것을「그것」등으로 바꾸어 말하는 경우가 많으므로 놓치지 말도록.

2番　4

男の人の最初のことばの中で、「来週」と言っているのがどの週か、を押さえることがポイント。それを特定するヒントとなるのが、男の人の2つ目のことばの最後にある「16日は予定が入ってて……」。これによって2人は、13日（日）から始まる週を「来

週」と言っていることがわかる。みんなの都合の悪い「金曜」は18日、女の人が都合の悪い「火曜」は15日、男の人が都合の悪い「16日」は水曜とわかる。さらに、「土曜（=19日）」「日曜（13日）」も候補からはずれる。残る2日とは「14日（月）」と「17日（木）」のこと。「週の初め（=月曜）」はさけたいと言っているので「14日」が消える。答えは4の「17日」。

The main point is which week the man is referring to when he says「来週」, 'next week.' A specific hint comes at the end of the man's second statement,「16日は予定が入ってて……」. From this you can see that the two of them are talking about「来週」, 'next week,' as the week beginning on the 13th (Sunday). You can also understand that the day that no one is free「金曜」'Friday,' is the 18th; the day the woman is not free,「火曜」, 'Tuesday,' is the 15th; and the day the man is not free,「16日」, 'the 16th,' is a Wednesday. Further,「土曜 (=19日)」, 'Saturday=the 19th,' and「日曜 (13日)」'Sunday the 13th' are not appropriate. The only days left as options are「14日（月）」, 'the 14th, Monday' and「17日（木）」'the 17th, Thursday.' They say they want to avoid「週の初め（=月曜）」, 'the beginning of the week (=Monday),' so「14日」is not correct. The answer is 4,「17日」, 'the 17th.'

男人最初的话语中提到了"下一周",搞清是怎样的一周是关键。男人第二次的话语中的最后的「16日は予定が入ってて……」使得前面的信息成为关键。由此可知,两人说的是13日开始的周是"下一周"。"周五"18日大家都没空,女人是周二15日没空,男人是周三16日没空。进一步"周六19日""周日13日"也不能成为候选项,剩下的只有两天,"14日周一"和"17日周四"。又说道要避免"一周之初",所以14日也可排除。答案是4的"17日"。

남자의 맨 처음의 말 중에「다음 주」라고 말하고 있는 것이 어떤 주인지 파악하는 것이 포인트. 그것을 특정하는 힌트가 되는 것이 남자의 두 번째 말의 마지막에 있는「16日は予定が入ってて……」. 이것에 의해 두 명은 13일(일) 부터 시작하는 주를「다음 주」라고 말하고 있는 것을 알 수 있다. 모두의 형편이 좋지 않은「금요일」은 18일, 여자가 형편이 좋지 않은「화요일」은 15일, 남자가 형편이 좋지 않은「16」은 수요일이라고 알 수 있다. 거기다「토요일 (=19일)」「일요일 (13일)」도 후보에서 벗어난다. 남은 이틀은「14일 (월)」과「17일 (목)」인 것.「주의 시작 (=월요일)」은 피하고 싶다고 말하고 있으므로「14일」은 지워진다. 답은 4의「17일」.

3番　1

最初にすることを答える問題。ヒントになるのは、市役所の人のことば「急いでそれをもらってください」の部分。「それ」は「転出証明書」を指す。その後の市役所の人のことばに「転出証明書が用意できたら～来てください」とあるので、ここでも確認できる。

In this question, you must answer what must be done first. The hint is provided in the city hall employee's words,「急いでそれをもらってください」. The「それ」refers to「転出証明書」, 'certificate of moving.' After this you hear the city hall employee say,「転出証明書が用意できたら～来てください」, so you can confirm.

回答最先要做的事。市政府的工作人员的话「急いでそれをもらってください」的部分是个提示。「それ」是指「転出証明書」（搬出证明书）。此后,有市政府的工作人员的话「転出証明書が用意できたら～来てください」,从这里亦可确认。

맨 처음에 할 것을 답하는 문제. 힌트가 되는 것은 시청 사람의 말「急いでそれをもらってください」의 부분.「それ」는「転出証明書전출 증명서」를 가리킨다. 그 뒤의 시청 사람의 말에「転出証明書が用意できたら～来てください」가 있으므로, 여기에서도 확인된다.

4番　3

「このバスで行けばちょうどいいよ」の「このバス」が何分発のバスかを聞き取る。病院に着かなくてはいけないのは「受付は9時からだから、その15分前に病院に着けばいい」という女の人のことばから、8時45分ということをまず押さえる。次に病院までは5分かかると言っているので、遅くとも40分までに発車するバスに乗ればよいことがわかる。選択枝の中で一番適当なのは8時35分発のバス。会話の中に「8時15分」「15分前」「10分おき」など、時刻に関することばがたくさん出てくるが、まどわされないように。

You need to catch what time the bus in「このバス」, 'this bus,' in「このバスで行けばちょうどいいよ」leaves. From the woman's words, you know that「受付は9時からだから、その15分前に病院に着けばいい」so you know that 8：45 is not right. Then, she says that it takes 5 minutes to get to the hospital on the bus so, at the latest, he has to get on a bus that leaves by 8：40. Among the answer choices, the best answer is the 8：35 bus. In the conversation you hear,「8時15分」, '8：15,'「15分前」, '15 minutes before,' and「10分おき」, 'every 10 minutes,' so don't get confused.

听懂「このバスで行けばちょうどいいよ」的"这辆巴士"是几分发车的。必须到医院的理由是女人的话「受付は9時からだから、その15分前に病院に着けばいい」,由此可知8点45分这个时间。接着又说到医院需要5分钟,由此可知,最迟也要坐上40分以前发车的巴士。选项中最合适的是8点35分发车的巴士。对话中出现了大量"8点15分""15分前""10分"等时间词,不要被迷惑了。

「このバスで行けばちょうどいいよ」의「이 버스」가 몇 분 출발의 버스인가를 듣고 이해한다. 병원에 도착하지 않으면 안되는 것은「受付は9時からだから、その15分前に病院に着けばいい」라고 하는 여자의 말로부터, 8시 45분이라고 하는 것을 우선 알아둔다. 다음에 병원까지는 5분 걸린다고 말하고 있으므로, 늦어도 40분까지는 출발하는 버스에 타면 되는 것을 알 수 있다. 보기 중에서 가장 적절한 것은 8시 35분 출발의 버스. 회화 안에「8시 15분」「15분 전」「10분 간격」등 시각에 관한 단어가 많이 나오나, 헷갈리지 말도록.

5番　2

面接までに用意するものを聞き取る問題。選択枝を見ると、2つ、用意するべきものを聞き取らなくてはならないことがわかる。1つは、女の人のことば「履歴書を持ってきてください」から履歴書だとわかる。もう1つは、同じく女の人のことば「高校生の場合～はんこ押したもの」の部分。「承諾書」は聞きなれないことばかもしれないが、音が聞き取れれば選択枝から選べるはず。わからないことばが出てきてもあせらないこと。

This is a question where you have to catch what the student has to prepare before the interview. If you look at the answer options, you can see that there are two things that you have to catch. One of them, from the woman's line,「履歴書を持ってきてください」, you know is a résumé, or CV (curriculum vitae). The other item is also from the woman's line, the section where she says,「高校生の場合～はんこ押したもの」.「承諾書」, 'letter of consent,' may be a word you cannot catch, but if you get the sounds you should be able to choose the correct answer option. Don't get frustrated when words you don't know appear.

听听面试前要准备什么。从选项中可知，必须听到两种应该准备的东西。一是从女人的话语「履歴書を持ってきてください」得知的履历书。另一个是同样从女人的话语「高校生の場合～はんこ押したもの」的部分。「承諾書」(保证书) 是个不常听到的词，能听懂的话从选项中可以直接选出来。出现听不懂的词时，也不要着急。

면접 때까지 준비할 것을 듣고 이해하는 문제. 보기를 보면, 두 가지 준비해야 하는 것을 듣지 않으면 안되는 것을 알 수 있다. 한 가지는 여자의 말「履歴書を持ってきてください」로부터 이력서라는 것을 알 수 있다. 다른 한 가지는 앞에서와 같이 여자의 말「高校生の場合～はんこ押したもの」의 부분.「承諾書승낙서」는 익숙하지 않은 말일지도 모르겠으나, 음을 들을 수 있으면 보기에서 고를 수 있을 것. 모르는 말이 나와도 당황하지 않을 것.

6番　1

「してはいけないこと」を聞き取る。ヒントになるのは「白い部分は絶対に水にぬらさないこと」の部分。「～ないでください」「～してはいけません」などの禁止を表す表現ではないが、ここが「してはいけないこと」を説明している部分だと聞き取ることが必要。

You have to catch,「してはいけないこと」, 'something you should not do.' The section containing the hint is :「白い部分は絶対に水にぬらさないこと」. Even though it does not directly say,「～ないでください」or「～してはいけません」, or other expressions of prohibition, you must catch that in this section it explains「してはいけないこと」, 'something you should not do.'

听出"不能做的事"。「白い部分は絶対に水にぬらさないこと」的部分是个提示。不是像「～ないでください」「～してはいけません」等表示禁止的词语，这里必须听懂对"不能做的事"进行说明的部分。

「해서는 안되는 것」을 듣고 이해한다. 힌트가 되는 것은「白い部分は絶対に水にぬらさないこと」의 부분.「～ないでください」「～してはいけません」등의 금지를 나타내는 표현은 아니지만, 여기가「해서는 안되는 것」을 설명하고 있는 부분은 듣고 이해하는 것이 필요.

7番　4

前半の会話で、この人がまず、AとBのどちらの地区に住んでいるか、聞き取る。ヒントは、男の人が燃えないごみを捨てる日を確かめているところ。「今週は第2水曜だから……あ、だめだ、この地区は来週だ」と言っていることから、A地区に住んでいることがわかる。次に捨てるものが「ジュースの缶」だとわかる。「缶」は資源ごみで、A地区で捨てられるのは土曜日。

In this question in the first half of the conversation you have to catch which area A and B live in. The hint is provided in the section where the man is confirming which day is non-burnable trash day. He says,「今週は第2水曜だから……あ、だめだ、この地区は来週だ」, so you can see they live in area A. The next thing is the item to be throw away,「ジュースの缶」, 'a drink can.'「缶」, 'cans,' are recyclables and in area A they can be thrown away on Saturdays.

在前半对话中，首先听懂这个人住在A地区还是B地区。提示是男人确认丢不可燃垃圾的日期。从「今週は第2水曜だから……あ、だめだ、この地区は来週だ」这里可知他住在A地区。接着又知道丢的是果汁的罐，罐是资源垃圾，在A地区周六可丢。

전반의 회화에서 이 사람이 우선 A와 B의 어느 쪽 지구에 살고 있는가를 듣고 이해한다. 힌트는 남자가 타지 않는 쓰레기를 버리는 날을 확인하고 있는 부분.「今週は第2水曜だから……あ、だめだ、この地区は来週だ」라고 말하고 있는 것으로부터 A지구에 살고 있는 것을 알 수 있다. 다음에 버리는 것이「주스 캔」이라고 알 수 있다.「캔」은 자원 쓰레기로 A지구에서 버릴 수 있는 날은 토요일.

8番　3

新大阪に到着しなければならない時刻は、男の人の「お客さんのところには3時半にうかがう約束だから～30分前までに着けばいい」と言っていることから3時だということを、まず押さえる。候補になるのは「12時発」と「12時23分発」の新幹線だが、後半の会話で、「『ひかり』は時間がかかる」「お客

35

さんのところは〜20分で行ける」「その後のでいいや」などと言っていることから、「15時06分」に新大阪に着く新幹線にしたことがわかる。東京発の時刻は12時30分なので、3が答え。このように、話し合いの結果、最初に示されたものとは違うものに決まることがあるので、全体の話の流れを追うことが必要。

First of all, you need to see that the time they need to be in Osaka, 3 o'clock, you can find in the man's line,「お客さんのところには3時半にうかがう約束だから〜30分前までに着けばいい」. The answer options that will be candidates are the「12時発」, '12 o'clock' and the「12時23分発」, '12 : 23' trains, but in the second half of the conversation, he says,「『ひかり』は時間がかかる」「お客さんのところは〜20分で行ける」「その後のでいいや」, so you can see that they decided on the *shinkansen* train that arrives in Osaka at「15時06分」, '3 : 06.' The train leaves Tokyo at 12 : 30, so 3 is the answer. Like in this question, the answer often comes in the last part of a conversation as the two people talk through things, and is different from what they say at the beginning, so you need to listen to the flow of the entire conversation.

首先从男人说的「お客さんのところには3時半にうかがう約束だから〜30分前までに着けばいい」中可知，必须到新大阪的最迟时刻是3点。"12点"和"12点23分"的新干线成为候选项，但是从后半对话的「『ひかり』は時間がかかる」「お客さんのところは〜20分で行ける」「その後のでいいや」等可知，选择了"15点6分"到新大阪的新干线。东京的发车时间是12点30分，所以答案是3。像这样谈后的结果选择了与最初提到不同的情况，需要将全程对话弄清楚。

신오오사카에 도착하지 않으면 안되는 시각은 남자가「お客さんのところには3時半にうかがう約束だから〜30分前までに着けばいい」라고 하고 있는 것으로부터 3시라는 것을 우선 파악한다. 후보가 되는 것은「12시 발」과「12시 23분 발」의 신칸센이나, 후반의 회화에서「『ひかり』は時間がかかる」「お客さんのところは〜20分で行ける」「その後のでいいや」등으로 말하고 있는 것으로부터「15시 06분」에 신오오사카에 도착하는 신칸센으로 한 것을 알 수 있다. 도쿄 발의 시각은 12시 30분이므로, 3이 정답. 이와 같이 대화의 결과, 처음에 제시된 것과는 다른 것으로 정해지는 경우가 있으므로, 전체의 이야기의 흐름을 쫓는 것이 필요.

9番　3

買い物は、よく出題されるテーマ。ここでは選択枝から、2つ、買うべきものを聞き取らなければならないことがわかる。一つ目は切手の枚数。男の人は「50円切手10枚と80円切手20枚（＝30枚）」と言っているが、その後、「80円は半分でいい」と言っていることから「80円切手は10枚」とわかる。つまり、「50円切手10枚と80円切手10枚」で「20枚」になる。次にはがきは「30枚」と言っているが、種類を聞き取る。「いや、往復はがき」と言っていることから「往復はがき30枚」とわかる。

Shopping is a commonly used theme. From the answer choices you can see that you need to catch 2 things that the woman needs to buy. The first thing is the number of stamps. The man says,「50円切手10枚と80円切手20枚（＝30枚）」, '10 50-yen stamps and 20 80-yen stamps (=30 stamps),' but after that he says,「80円は半分でいい」, 'half the number of 80-yen stamps will do,' so you know that he wants「80円切手は10枚」, '10 80-yen stamps.' In other words,「50円切手10枚と80円切手10枚」, '10 50-yen stamps and 10 80-yen stamps so the total becomes「20枚」, '20 stamps.' Next, he says,「30枚」, '30 postcards,' but you have the catch what type of postcards. He says,「いや、往復はがき」, so you know he wants「往復はがき30枚」, '30 return postcards.'

购物是经常考到的主题。从选项可知，要找出两件应该购买的东西。第一个是邮票的数量。男人开始说到"50日元的邮票10张""80日元的邮票20张（共30张）"，但后来从"80日元的邮票一半就好了"可知"80日元的邮票10张"。即，"50日元的邮票10张""80日元的邮票10张（共20张）"。下面接着说到明信片"30张"，主要听种类。从「いや、往復はがき」可知"往返明信片30张"。

물건 사기는 자주 출제되는 테마. 여기서는 보기에서 두 가지 사야만 하는 것을 듣고 이해하지 않으면 안되는 것을 알 수 있다. 첫 번째는 우표의 매수. 남자는「50엔 우표 10매와 80엔 우표 20매（＝30매）」라고 말하고 있으나, 그 후,「80엔은 반으로 됐다」라고 말하고 있는 것으로부터「80엔 우표는 10매」라고 알 수 있다. 즉,「50엔 우표 10매와 80엔 우표 10매」로「20매」가 된다. 다음에 엽서는「30매」로 말하고 있으나, 종류를 듣는다.「いや、往復はがき」라고 하고 있는 것으로부터「왕복 엽서 30매」라고 알 수 있다.

10番　2

今週中にすることを答える問題。男の人が「金曜日までに払わないといけないんだった」と言っていることが今週中にやらないといけないこと。「コンビニでお金をおろして払おう」と言っていることから、答えは2。旅行会社に行って払う選択枝4ではない点に注意。

In this question, you have to answer what needs to be done this week. The man says,「金曜日までに払わないといけないんだった」, so you know it is what he has to do this week. He says,「コンビニでお金をおろして払おう」, so the answer is 2. Answer 4 says to go to the travel agent and pay, so be careful.

回答本周将做什么。男人所说的「金曜日までに払わないといけないんだった」是本周内必须做的事。从说到的「コンビニでお金をおろして払おう」可知，答案是2。要注意不是去旅行公司付钱的选项4。

이번 주 중에 하는 것을 답하는 문제. 남자가「金曜日までに払わないといけないんだった」라고 말하고 있는 것이 이번 주 중에 하지 않으면 안되는 것.「コンビニでお金をおろして払おう」라고 하고 있는 것으로부터 답은 2. 여행 회사에 가서 지불하는 보기 4가 아닌 점에 주의.

解答・解説

11番　3

会話の中に、いくつかやらなくてはならないことが出てきて、その順番を理解し、最初にしなくてはならないことをとらえる問題。女の人はスーパーに迎えにきてほしい、と言っているので2かと思うが、3つ目のことばで「スーパーに来る前に、サトルを幼稚園に迎えにいってほしい」と言っている。男の人は「わかった」と言っているので、これが男の人がこの後、最初にすること。

This question has a conversation with various things that have to be done and requires you to get the order and find out what is the first thing to be done. The woman wants the man to pick her up at the supermarket so you think the answer might be 2, but in the third part they say「スーパーに来る前に、サトルを幼稚園に迎えにいってほしい」と言っている。男の人は「わかった」so you can find out what the man will do first.

对话中会出现几个必须要做的事，理解做事的顺序，找到必须最先做的事。女人说希望到超市来接她，因此想到答案是2，但是第三段话说到「スーパーに来る前に、サトルを幼稚園に迎えにいってほしい」。男人说"知道了"，所以这是男人此后最先要做的事。

회화 중에 몇 가지의 하지 않으면 안되는 것이 나와, 그 순서를 이해하여, 맨 처음에 하지 않으면 안되는 것을 파악하는 문제. 여자는 슈퍼에 마중 오기를 원한다고 말하고 있으므로 2라고 생각할 수 있으나, 세 번째의 말에서「スーパーに来る前に、サトルを幼稚園に迎えにいってほしい」라고 하고 있다. 남자는「알았다」고 말하고 있으므로, 이것이 남자가 이 다음, 맨 처음으로 할 것.

12番　4

持っていく物をすべて答える。「物」がいろいろと出てくるが、注意深く聞いて、持っていく物と持っていかない物の判断をしよう。特に最初に「まず帽子と」と言っているのを聞きもらさないように注意。「かさ」は「かさはちょっと……」と、最後まで文を言っていないので、わかりにくいが、その後で「持っていかない理由」が述べられていることから判断する。タオルも大きさについてきちんと聞き取ろう。

You must answer all of the things that should be brought. You will hear various「物」, 'things,' so you must listen carefully and determine which things are needed and which things aren't. At first they say,「まず帽子と」, so you must be especially careful not to miss it.「かさ」, 'umbrella,' they say,「かさはちょっと……」and don't finish the sentence so it is difficult to understand, but after that they talk about「持っていかない理由」, 'the reason for not bringing it,' so you need to make a decision. Be sure to properly catch the size of the towel.

回答所有要带的物品。会出现各种各样的"物品"，要仔细听，判断要带的和不带的物品。特别要注意不要听漏最初的「まず帽子と」。伞，「かさはちょっと……」之后最后也没提过，不好判断，要从后面表述的"不带去的理由"中判断。毛巾也要好好听清关于尺寸等内容。

가지고 가는 것을 모두 답한다.「물」이 여러 가지 나오니, 주의 깊게 듣고, 가지고 가는 것과 가지고 가지 않는 것의 판단을 하자. 특히 맨 처음에「まず帽子と」라고 말하고 있는 것을 놓치지 않도록 주의.「우산」은「かさはちょっと……」라고 마지막까지 문장을 말하고 있지 않으므로 알기 어려우나, 그 뒤에「가지고 가지 않는 이유」가 서술되어 있는 것으로부터 판단한다. 수건도 크기에 대해서 정확하게 듣자.

13番　2

するべきことの順番を整理して聞き取ろう。ここでは、面接の後、最初にすることを聞き取る。それは「面接をした人が紙を渡しますので〜書いてください」の部分。選択枝には「書くこと」が2つあるが、1の「名前と住所」は面接の前に書く。面接をした人から紙をもらって書くので3も×。交通費は紙に書いた後にもらうので4も×。

You must catch and arrange the correct order for what needs to be done. Here, after the interview, you need to catch what to do first. It is in the section,「面接をした人が紙を渡しますので〜書いてください」. In the answer options, two of them have「書くこと」, 'write,' but answer 1 contains「名前と住所」, things you have to write before the interview. The person who gave the interview will give out a form to fill out so 3 is x. Travel expenses are dispensed after the interview so 4 is also x.

整理应做的事的顺序。听出面试后最先要做的事。也就是「面接をした人が紙を渡しますので〜書いてください」的部分。选项中有两个是"要写的"，1的「名前と住所」是面试前写的。从面试完的人手里拿到纸是错的，所以3不对。交通费是在填写后才可得到，所以4也不对。

해야만 하는 것의 순서를 정리해서 듣자. 여기서는 면접 후에 맨 처음에 하는 것을 듣는다. 그것은「面接をした人が紙を渡しますので〜書いてください」의 부분. 보기에는「쓰는 것」이 두 가지 있으나, 1의「名前と住所」는 면접 전에 쓴다. 면접을 한 사람으로부터 종이를 받아 쓰므로 3도×. 교통비는 종이에 쓰고 나서 받으므로 4도×.

14番　3

いろいろな物の名前が出てきて、最終的に何を買うか、答える問題。「トイレットペーパー」は女の人が「なくなりそう」と言っていて、男の人も否定していないので買う。「はみがき粉」は、男の人はまだある、と言っているが、女の人は安くなっているので買ってきて、と言っているので買う。「石けん」は、男の人はたくさんあるからいらないと言ってい

37

るが、女の人が安いときにまとめて買っておいたほうがいい、と言っているので買う。「洗濯用の洗剤」は女の人が「それはいい。香りが好きじゃないから」と言っているので買わない。「それはいい」は「それは必要ない」の意味。「〜じゃない」は「〜ではない」の口語的な言い方。「シャンプー」については会話では触れていない。

In this question, various names of things come up but you need to answer what is the final thing the man will buy. The woman says,「トイレットペーパー」, 'toilet paper' is「なくなりそう」, 'running out' and the man does not contradict it so he will buy it. The man says they still have some「はみがき粉」, 'toothpaste,' but the woman says it is on sale and asks him to buy some, so he will. The man says they have plenty of「石けん」'soap' but the woman says it is better to stock up when it is on sale so he will buy some. The woman says about the 「洗濯用の洗剤」, 'laundry detergent,' that is on sale,「それはいい。香りが好きじゃないから」, 'she doesn't need it because she doesn't like the scent,' so he will not buy any.「それはいい」, means,「それは必要ない」, 'I don't need any.'「〜じゃない」is the colloquial way of saying,「〜ではない」, 'not that.'「シャンプー」, 'shampoo,' is not mentioned in the conversation.

对话中将出现很多物品的名称，要回答最后买了什么。女人说「トイレットペーパー」（卫生纸）就快用完了，男人也没有否定，所以要买。男人说「はみがき粉」（牙粉）还有呢，但女人现在降价了，所以也要买。男人说「石けん」（香皂）还有很多不要了吧，但女人说要趁着降价是多买一些存着，所以要买。女人说「洗濯用の洗剤」（洗衣液）"那个就算了，不喜欢那个香型"，所以不买。「それはいい」（那个就算了）是"那个不需要"的意思。「〜じゃない」是「〜ではない」的口语说法。没有涉及到「シャンプー」（洗发水）的对话。

여러 가지 물건의 이름이 나오고, 최종적으로 무엇을 사는지 답하는 문제. 「トイレットペーパー화장지」는 여자가 「없어질 것 같다」고 말하고 있고, 남자도 부정하지 않고 있으므로 산다. 「はみがき粉치약」은 남자는 아직 있다고 말하고 있으나, 여자는 싸졌으므로 사오라고 말하고 있으므로 산다. 「石けん비누」는 남자는 많이 있으므로 필요 없다고 말하고 있으나, 여자가 쌀 때 한데 모아서 사오라고 말하고 있으므로 산다. 「洗濯用の洗剤세탁용 세제」는 여자가 「그것은 됐어. 향기를 좋아하지 않으니까」라고 말하고 있으므로 사지 않는다. 「それはいい 그것은 됐어」는 「그것은 필요 없어」의 의미. 「〜じゃない」는 「〜는 아니다」의 구어적인 표현. 「シャンプー샴푸」에 대해서는 회화에서 다루지 않고 있다..

15番　4

何種類かの行き方が示され、アドバイスを受けながら最終的にどの方法で行くのかを聞き取る問題。決め手になるのは最後の女の人のことば。「いつ着くか、わからない」と言っているのはバスのことなので、1と2は違う。次に「少し時間がかかってもすいてる電車で行こう」と言っているので、「各駅停車で行くこと」だとわかる。「少し時間がかかっても」をバスのことだとかんちがいしないように。

In this question, you have to catch what is the final decision on how to go after listening to various suggestions and advice. The final decision is in the woman's last line. She says about the bus,「いつ着くか、わからない」so you know that 1 and 2 are wrong. Next, she says,「少し時間がかかってもすいてる電車で行こう」so you know that she decided to「各駅停車で行くこと」, 'take the local train.' When she says,「少し時間がかかっても」make sure not to think that she is talking about the bus.

提示了好几种途径，听懂建议后最终选择了哪个途径去。解题的关键是女人最后的话。「いつ着くか、わからない」说的是坐巴士的情况，所以1和2都不对。接着又说「少し時間がかかってもすいてる電車で行こう」，由此可知是"坐慢车去"。注意不要从「少し時間がかかっても」得出坐巴士的结论。

몇 종류인가 가는 방법이 제시되고, 어드바이스를 받으면서 최종적으로 어떤 방법으로 가는 것인가를 듣고 이해하는 문제. 결정적 판단의 기준이 되는 것은 마지막의 여자의 말.「いつ着くか、わからない」라고 말하고 있는 것은 버스이므로, 1과 2는 다르다. 다음에「少し時間がかかってもすいてる電車で行こう」라고 말하고 있으므로,「각 역 정차로 가는 것」이라는 것을 알 수 있다.「少し時間がかかっても」를 버스라고 착각하지 않도록.

問題2　ポイント理解

問題文を聞く前に、質問の中で「聞き取るべきポイント」が示される問題です。「どうしてですか」など、物事の背景にある理由や原因を聞き取る問題、話している人の本当の気持ちを聞き取る問題、一番の理由を聞き取る問題などが出題されると考えられます。

In these questions, before you listen, you will hear what to listen for within the question. There will be questions asking things like,「どうしてですか」, 'why?,' as well as catching the reason or cause in the background of something, catching the speaker's true feelings, or their primary reason.

在听正文之前，提示出问题中的"听力要点"。"为什么呢"等这种听懂事物的背景中的理由和原因的问题，听懂说话人的真正意图的问题，听懂第一理由的问题等会被考到。

문제를 듣기 전에 질문 안에「듣고 이해해야만 하는 포인트」가 제시되는 문제입니다.「어째서입니까」등 일의 배경에 있는 이유나 원인을 듣고 이해하는 문제, 말하고 있는 사람의 진짜 기분을 듣고 이해하는 문제, 가장 중요한 이유를 듣고 이해하는 문제 등이 출제됩니다.

Disc1 16〜30

【解答】

1番 4	2番 2	3番 3	4番 1
5番 3	6番 2	7番 1	8番 2
9番 2	10番 1	11番 2	12番 2
13番 3	14番 4	15番 3	

【解説】

1番　4

「男の人が黄色い手帳にした理由」を答える。いろいろな理由が述べられているが、「実は」「本当は」などの表現の後ろに、本当の理由が来ることが多い。ここでは、最後の男の人の発言「本当は、かばんの中で見つけにくいんだよ」が、答えにあたる部分。それを少し変えた表現の選択枝4が答え。

You need to answer「男の人が黄色い手帳にした理由」, 'the reason why the man chose a yellow notebook.' He gives various reasons but often after「実は」, 'actually' or「本当は」, 'the truth is,' the real reason appears. Here, the man's final comment,「本当は、かばんの中で見つけにくいんだよ」, is the section that contains the answer. Option 4, with the slightly different expression, is the answer.

回答 "男人选择黄色手册的理由"。文中叙述了各种理由，"实际上""事实上"等词语的后面多数会出现真正的理由。此处，男人最后的话「本当は、かばんの中で見つけにくいんだよ」是答案的关键，答案是与此意思近似的4。

「남자가 노란색 수첩으로 한 이유」를 답한다. 여러 가지 이유가 서술되어 있으나, 「실은」「정말은」등의 표현의 뒤에 진짜 이유가 오는 것이 많다. 여기서는 마지막의 남자의 발언「本当は、かばんの中で見つけにくいんだよ」가 답이 있는 부분. 그것을 조금 바꾼 표현의 보기 4가 정답.

2番　2

「男の人が1人で旅行に行きたい理由」を答える。「写真をとるのが好き」「気をつかうのは疲れる」などの発言から、「友だちのことを気にしないで、自由に写真をとりたい」と思っていることがわかる。「ゆっくり本が読める」とは言っているが、それが理由ではない。

You have to answer with「男の人が1人で旅行に行きたい理由」, 'the man's reason for wanting to travel alone.' He says,「写真をとるのが好き」「気をつかうのは疲れる」so you know that he thinks,「友だちのことを気にしないで、自由に写真をとりたい」, 'he doesn't have to care about friend's feelings, he wants to be free to take pictures.' He says,「ゆっくり本が読める」, but it is not the reason.

回答 "男人想一个人旅行的理由"。从「写真をとるのが好き」「気をつかうのは疲れる」等发言可知，"他想不用为朋友操心，自由自在地照相"。也有说到「ゆっくり本が読める」，但那不是理由。

「남자가 혼자서 여행에 가고 싶은 이유」를 답한다.「写真をとるのが好き」「気をつかうのは疲れる」등의 발언으로부터「친구들을 신경 쓰지 않고, 자유롭게 사진을 찍고 싶다」고 생각하고 있는 것을 알 수 있다.「ゆっくり本が読める」라고는 말하고 있으나, 그것이 이유는 아니다.

3番　3

「女の学生がきのうの夜、眠れなかった理由」を答える。答えのポイントは「テレビつけたら〜おもしろくなっちゃって……」の部分。3が答え。1や2は男の学生が考えた理由なので、まどわされないように。

You need to answer「女の学生がきのうの夜、眠れなかった理由」, 'the reason why the female student couldn't sleep last night.' The key to the answer is the section where you hear,「テレビつけたら〜おもしろくなっちゃって……」. 3 is the answer. 1 and 2 contain the reasons the male student suggests so don't get confused.

回答 "女学生昨夜无法入睡的理由"。答案的关键是「テレビつけたら〜おもしろくなっちゃって……」的部分。答案是3。1和2是男学生想的理由，不要被迷惑了。

「여학생이 어젯밤, 잠을 잘 수 없던 이유」를 답한다. 답의 포인트는「テレビつけたら〜おもしろくなっちゃって……」의 부분. 3이 정답. 1이나 2는 남학생이 생각한 이유이므로, 현혹되지 말도록.

4番　1

「女の人が、人をさそうときに気をつけていること」を答える。答えのポイントは最後の「内容をちゃんと言うようにしています」の部分。同じ意味を表しているのは1。

You need to answer,「女の人が、人をさそうときに気をつけていること」, 'What does the woman take care of when she invites someone?' The key to the answer is in the part that says,「内容をちゃんと言うようにしています」. Number 1 has the same meaning.

回答 "女人在邀请别人是要注意的地方"。答题的关键在最后的「内容をちゃんと言うようにしています」的部分。表达相同意思的是1。

「여자가 사람에게 권할 때에 주의하고 있는 것」을 답한다. 답의 포인트는 마지막의「内容をちゃんと言うようにしています」의 부분. 같은 의미를 나타내는 것은 1.

5番　3

「一番の理由」を答える。理由がいくつか述べられるが、ポイントになるのは「世話が簡単なのがなにより」の部分。「なにより」は「それが一番だ」「最もよい」という意味。ほかに「何と言っても」「やはり」「むしろ」などのことばが出てくると、その後に一番の理由が述べられることが多い。

You need to answer,「一番の理由」,'the biggest reason'. Several reasons are given, but the key is「世話が簡単なのがなにより」.「なにより」, 'above all,' means「それが一番だ」, 'that's number one,' or「最もよい」, 'that's the best.' When there are words like :「何と言っても」, 'no matter how you look at it,'「やはり」, 'still,' or「むしろ」, 'rather,' the biggest reason often comes right after.

回答 "第一理由"。说了好几个理由，关键在「世話が簡単なのがなにより」的部分。"比什么都"是"那是第一位的""最好的"的意思。多数情况下在「何と言っても」「やはり」「むしろ」（不管怎么说也、毕竟、与其）等词语的后面，会出现第一理由。

「가장 중요한 이유」를 답한다. 이유는 몇 가지 서술 할 수 있으나, 포인트가 되는 것은「世話が簡単なのがなにより」의 부분.「무엇보다도」는「그것이 가장 중요하다」「가장 좋다」고 하는 의미. 그 밖에「何と言ってもなんといっても」「やはり역시」「むしろ오히려」등의 단어가 나오면 그 뒤에는 가장 중요한 이유가 서술되는 경우가 많다.

6番　2

「一番の理由」を答える。最後に「これが～最も大きな理由」と述べている「これ」が指すのは「人気の高い店の洋服は～取り入れている」の部分。このように、先に理由が述べられて、後に「これが最も～」と一番の理由であることが示されることがあるので、要注意。

You need to answer,「一番の理由」, 'the biggest reason.' The「これ」in「これが～最も大きな理由」at the end points to「人気の高い店の洋服は～取り入れている」. Like this question, sometimes the reason comes ahead and after it says「これが最も～」, 'this is the most ～,' so you must be careful.

回答 "第一理由"。最后说到「これが～最も大きな理由」,「これ」指的是「人気の高い店の洋服は～取り入れている」的部分。要注意，会有像这样的先阐明理由，然后用"这是最～"来说明这是第一理由的情况。

「가장 중요한 이유」를 답한다. 마지막에「これが～最も大きな理由」라고 말하고 있는「これ」가 가리키는 것은「人気の高い店の洋服は～取り入れている」의 부분. 이와 같이 먼저 이유가 서술되고, 뒤에「이것이 제일～」이라고 가장 중요한 이유인 것이 서술되는 경우가 있으므로, 요주의.

7番　1

「男の人が悲しいと思っていること」を答える。答えのポイントは男の人が「悲しいよね」と言っている直前の、女の人の発言「子どもはそんな風にされても～思うんだって」の部分。当てはまるのは1。

You have to answer「男の人が悲しいと思っていること」, 'what the man thinks is sad.' The key to the answer is in the section just before the man says,「悲しいよね」, where the woman says,「子どもはそんな風にされても～思うんだって」. The best answer is 1.

回答 "男人感到悲伤的事"。答题的关键在女人在男人说「悲しいよね」之前的发言「子どもはそんな風にされても～思うんだって」的部分。正确答案是1。

「남자가 슬프다고 생각하고 있는 것」을 답한다. 답의 포인트는 남자가「悲しいよね」라고 말하고 있는 직전의 여자의 발언「子どもはそんな風にされても～思うんだって」의 부분. 알맞은 것은 1.

8番　2

「女の人がいらいらする」理由を答える。答えのポイントは男の人の3番目のことば「それでいらいらしてたの」の「それ」。「それ」は、「説明書の日本語がぜんぜん、意味わかんない」「読めば読むほどわからなくなる」と言っている部分を指す。「操作方法が変わっちゃって」と言っているので3かと思うが、それはその後で「慣れると思う」と言っているので×。また、「動きが悪い」と言っているのは古いパソコンに関してなので、これも×。

You have to answer the reason「女の人がいらいらする」, 'the woman gets annoyed.' The key to the answer is the「それ」in the man's third line,「それでいらいらしてたの」. The「それ」refers to「説明書の日本語がぜんぜん、意味わかんない」「読めば読むほどわからなくなる」. You may think the answer is 3 because it says,「操作方法が変わっちゃって」, but after it says,「慣れると思う」, so it is x. Further, it says「動きが悪い」but it is about the old computer, so it is also x.

回答 "女人紧张兮兮"的理由。答题的关键是男人第三段话「それでいらいらしてたの」中的「それ」。「それ」是指「説明書の日本語がぜんぜん、意味わかんない」「読めば読むほどわからなくなる」的部分，说到「操作方法が変わっちゃって」，所以会考虑到3，但此段又说到「慣れると思う」，所以×。然后，说到「動きが悪い」，这是和旧个人电脑相关的话题，所以这也×。

「여자가 짜증나는 이유」를 답한다. 답의 포인트는 남자의 세 번째의 말「それでいらいらしてたの」의「それ」.「それ」는「説明書の日本語がぜんぜん、意味わかんない」「読めば読むほどわからなくなる」라고 말하고 있는 부분을 가리킨다.「操作方法が変わっちゃって」라고 말하고 있으므로 3이라고 생각 할 수 있으나, 그것은 그 뒤에「慣れると思う」라고 말하고 있으므로 ×. 또한,「動きが悪い」라고 말하고 있는 것은 낡은 컴퓨터에 관한 것이므로 이것도×.

9番　2

「男の人が社員をしかるときに気をつけていること」を答える。答えのポイントになるのは「ただ、大事なのは」で示された「しかった後に、かくれたところでほめる」の部分。その後はほめる理由が述べられている。選択枝2にある「かげ」は「かくれたところ」を言い換えた言い方。「ただ」のほか、「もっとも」「それより」「とはいっても」など、前に言っていることを否定しているような表現が出てきたときは、その後ろに本当の理由が述べられていることが多いので注意して聞こう。

You have to answer,「男の人が社員をしかるときに気をつけていること」, 'what the man is careful about when he scolds the employees.' The key to the answer is the section where he says,「ただ、大事なのは」, which indicates「しかった後に、かくれたところでほめる」, 'After scolding them, in a hidden place I praise them.' After that he states the reason he praises them. In answer option 2, the「かげ」is another way of saying「かくれたところ」, 'in a hidden place.' Besides「ただ」, 'simply,' words like「もっとも」, 'mostly,'「それより」, 'other than that' and「とはいっても」, 'nevertheless,' often appear and are expressions indicating contradiction; after these words often comes the real reason so you must listen carefully.
回答 "男人对职员发火时要注意的事"。答题的关键是「ただ、大事なのは」所提示的 "发火之后，在没人的地方要表扬" 的部分。这之后阐述了表扬的理由。选项2中的「かげ」是 "没人的地方" 的另一种说法。当出现「ただ」(但是) 之外，「もっとも」「それより」「とはいっても」(最、比这更、怎么说也) 等等否定前面说过的话的陈述时，大多会在后面阐述真正的理由，要注意听好。
「남자가 사원을 꾸짖을 때 주의하고 있는 것」을 답한다. 답의 포인트가 되는 것은「ただ、大事なのは」로 제시된「꾸짖고 나서 눈에 띄지 않는 곳에서 칭찬한다」의 부분. 그 다음은 칭찬하는 이유가 서술되어 있다. 보기2의「かげ」는「눈에 띄지 않는 곳」을 바꾸어 말한 표현.「ただ단지」이외에,「もっとも가장」「それよりユ것보다」「とはいっても이라고는 말해도」등 앞에서 말하고 있는 것을 부정하고 있는 듯한 표현이 나왔을 때는 그 뒤에 진짜 이유가 서술되어있는 경우가 많으므로 주의해서 듣자.

10番　1

「女の人が家に帰るのが遅くなった理由」を答える。本当の理由が述べられているのは「つい、ビールが飲みたくなっちゃって……」の部分。最初にある「よってる」は「お酒を飲んで、アルコール分が体全体に回っている状態」。

You have to answer,「女の人が家に帰るのが遅くなった理由」, 'the reason why the woman was late.' The part where the real reason appears is in the section,「つい、ビールが飲みたくなっちゃって……」. The「よってる」at the beginning means「お酒を飲んで、アルコール分が体全体に回っている状態」, 'After drinking, the alcohol is circulating throughout the body.'
回答 "女人回家晚的理由"。阐述真正的理由的是「つい、ビールが飲みたくなっちゃって……」的部分。最初的「よってる」是说 "喝酒后，酒精在全身范围流动的状态"
「여자가 집에 돌아가는 것이 늦은 이유」를 답한다. 진짜 이유가 서술되어 있는 것은「つい、ビールが飲みたくなっちゃって……」의 부분. 맨 처음에 있는「よってる」는「술을 마시고, 알코올 기운이 몸 전체에 돌고 있는 상태」.

11番　2

「男の人が大事だと思っていること」を答える。決め手になるのは、「全部、まんがで～この企画の重要な点だと考えています」。これに合うのは2。1は「まんがで」という点が抜けているので×。3と4は男の人ではなく、女の人が言っていることなので×。

You have to answer,「男の人が大事だと思っていること」, 'What the man thinks is important.' The deciding factor is「全部、まんがで～この企画の重要な点だと考えています」. The one that matches this is 2. In option 1, the「まんがで」'in comics,' is left out so it is ×. Options 3 and 4 are not what the man says but what the woman talks about so they are also ×.
回答 "男人认为重要的事"。答题关键是，「全部、まんがで～この企画の重要な点だと考えています」。与此相符的是 2。1把 "漫画" 这个要点抛开了所以×。3个4不是男人而是女人说的，所以×。
「남자가 중요하게 생각하고 있는 것」을 답한다. 결정적인 근거가 되는 것은「全部、まんがで～この企画の重要な点だと考えています」. 이것에 맞는 것은 2. 1은「만화로」라고 하는 점이 빠져 있으므로×. 3과 4는 남자가 아닌, 여자가 말하고 있는 것이므로×.

12番　2

「今日の料理で、守らないといけないこと」を答える。決め手になるのは「お肉は、野菜の後に切るようにしてください」の部分。表現は違うが2が同じ意味を表している。1は料理時間を短くしたい人に向けてのアドバイスで、必ず守りなさいと言っているわけではない。3は今日の料理に関することではなく、いつもそうしている人がいる、という例として出しているので×。4はよく焼くこと自体を、今日気をつけるポイントとしてあげているわけではないので×。

You have to answer「今日の料理で、守らないといけないこと」, 'things you have to be careful about in modern cooking.'

41

The key part is 「お肉は、野菜の後に切るようにしてください」. The expression is different but the meaning is the same in answer option 2. Option 1 gives advice for people who want to reduce their amount of time cooking, and it doesn't mention something to always follow. In 3, it talks not about today but about something that some people generally do so it is x. In 4, cooking something well is not being given as something that is being followed today so it is also x.

回答 "今天做菜一定要遵守的事"。答题关键是「お肉は、野菜の後に切るようにしてください」的部分。2虽然说法不同但意思是一样的。1是对希望缩短烹饪时间的人的建议，不是说一定要遵守的意思。3不是与今天做菜相关的事，而是举例说总是有人会这么做，所以×。4是说把菜做好了，这自身不能成为今天举例出要注意的要点，所以也×。

「오늘의 요리에서 지키지 않으면 안되는 것」을 답한다. 결정적인 근거가 되는 것은 「お肉は、野菜の後に切るようにしてください」의 부분. 표현이 달라도 2가 같은 의미를 나타내고 있다. 1은 요리 시간을 짧게 하고 싶은 사람을 위한 어드바이스로, 반드시 지키라고는 말하고 있지 않다. 3은 오늘의 요리에 관한 것이 아닌, 언제나 그렇게 하고 있는 사람이 있다라고 하는 예로 들고 있으므로×. 4는 잘 굽는 것 자체를 오늘 주의할 포인트로서 들고 있지는 않으므로×.

13番　3

「男の人の弁当をつくった人」を答える。それがわかるのは、男の人の「実は」で始まっていることば。「ぼくのおやじ」と言っている。「おやじ」は、聞きなれないことばかもしれないが、その後で、女の人が「いいお父さんじゃない」と言っていることから、男の人の父親だということがわかる。「実は」ということばの後に、本当の理由や本当に言いたいことが述べられることが多いので、このことばが出てきたら注意して聞こう。ほかに、「本当は」「何と言っても」「やはり」なども注意したい表現。

You have to answer 「男の人の弁当をつくった人」, 'who made the man's lunch box.' You can see this in the part where the man says, 「実は」, 'actually.' He says, 「ぼくのおやじ」, 'my dad.' You may not have heard of the word 「おやじ」 before, but after it, the woman says, 「いいお父さんじゃない」, so you know that it is the man's father. After the word 「実は」, 'actually,' it is very common for the real reason to appear, so if you hear it, listen carefully. Besides that, you should also listen carefully for the following words：「本当は」, 'the truth is,'「何と言っても」, 'no matter how you look at it,'「やはり」, 'after all.'

回答 "是谁给男人做的便当"。可知信息是男人的以"其实"开始的话。说到「ぼくのおやじ」(我老爹)。「おやじ」可能是不常听到的一个词，这之后女人说到「いいお父さんじゃない」，所以知道是说男人的父亲。「実は」(其实)这个词之后，大多数情况会出现真正理由或真正想说的话，所以当出现这个词的时候请注意听。同时也要注意，其他的「本当は」「何と言っても」「やはり」(真正的、怎么说也、毕竟) 等词。

「남자의 도시락을 만든 사람」을 답한다. 그것을 알 수 있는 것은 남자의 「実は」에서 시작되고 있는 말.「ぼくのおやじ」라고 말하고 있다.「おやじ」는 듣는데 익숙하지 않은 단어일지도 모르나, 그 다음에 여자가 「いいお父さんじゃない」라고 말하고 있는 것으로부터, 남자의 아버지라는 것을 알 수 있다.「実は」라고 하는 단어의 뒤에 진짜 이유나 정말로 말하고 싶은 것이 서술되는 경우가 많으므로, 이 단어가 나오면 주의해서 듣자. 그 외에도 「本当は」「何と言っても」「やはり」 등도 주의할 표현.

14番　4

「男の人が早く帰る理由」を答える。ポイントは、男の人の「結婚することになりましてね。その相手と～」の部分。結婚するのは、その前の会話部分で、男の人の娘だとわかる。1は「家内（＝妻）はそういうことは言わない」と否定しているので×。2も「いえ」と否定しているので×。3は「一緒に出かける」のではないので×。

You must answer 「男の人が早く帰る理由」, 'the reason the man wants to go home early.' The key to the answer is in the section where he says, 「結婚することになりましてね。その相手と～」. In the part of the conversation beforehand, you can understand that it is the man's daughter. In answer option 1, he says, 「家内（＝妻）はそういうことは言わない」, 'my wife doesn't say that,' so it is x. Number 2 is also negative so it is also x. Number 3 「一緒に出かける」, 'we will go out together,' is not mentioned so it is also x.

回答 "男人要早回家的理由"。关键是男人说的「結婚することになりましてね。その相手と～」的部分。从前面的对话部分可知，要结婚的是男人的女儿。1否定道"我妻子不会说那样的话"，所以×。2也是否定"不是"，所以×。3不是说"一起出门"，所以也错。

「남자가 빨리 돌아가는 이유」를 답한다. 포인트는 남자의 「結婚することになりましてね。その相手と～」의 부분. 결혼하는 것은 그 전의 회화 부분으로 남자의 딸이라는 것을 알 수 있다. 1은 「이내（=처）는 그런 것은 말하지 않는다」라고 부정하고 있으므로×. 2도 「아니오」라고 부정하고 있으므로×. 3은 「같이 외출한다」는 아니므로×.

15番　3

「男の人が携帯電話を変えた理由」を答える。変えたかった理由を述べているのは「なんか変な電話がかかってくるようになって」と「それで番号を変えたくて」の部分。選択枝1の「水の中に落とした」は「いや、別にそうじゃない」と否定している。2の「ボタンが小さくて使いにくかった」も「慣れればどうってことなかった」と、否定している。4の「利用料金を安くしたい」は、女の人が言っていること。

You must answer「男の人が携帯電話を変えた理由」, 'the reason the man changed his cell phone.' The place where he states the reason is「なんか変な電話がかかってくるようになって」and「それで番号を変えたくて」. Answer option 1,「水の中に落とした」, 'dropped it in water?' he denies,「いや、別にそうじゃない」, 'no not really that.' Option 2「ボタンが小さくて使いにくかった」, 'the buttons were small and hard to use,' and「慣れればどうってことなかった」, 'perhaps if I could get used to it,' are denied. Option 4,「利用料金を安くしたい」, 'I want to reduce the usage charge,' is what the woman says.
回答"男人换手机的原因"。阐述换手机的理由的是「なんか変な電話がかかってくるようになって」と「それで番号を変えたくて」的部分。选项1的"掉水里了"被"不是，不是那样的"给否定了。2的"按键太小用不惯"也被"用惯了就不会有问题"否定了。4的"想要节省电话费"是女人说的。
「남자의 휴대 전화를 바꾼 이유」를 답한다. 바꾸고 싶은 이유를 서술하고 있는 것은「なんか変な電話がかかってくるようになって」과「それで番号を変えたくて」의 부분. 보기 1의「물에 떨어뜨렸다」는「아니, 특별히 그렇지 않다」라고 부정하고 있다. 2의「버튼이 작아 쓰기 어려웠다」도「익숙해지면 별로 그렇지 않았다」라고 부정하고 있다. 4의「이용 요금을 싸게 하고 싶다」는 여자가 말하고 있는 것.

問題3　概要理解

講演会やテレビなどで講師の先生が話す説明や解説などを聞いて、全体を通して何について話しているのか、主張していることは何か、をつかむ問題です。選択枝も音声で示されるので、話のポイントと思われる部分をメモしながら聞く練習が必要になります。

These are questions where you listen to teacher's explanations and commentaries in lectures and on TV, and determine overall what they are talking about. The answer options are also given in the recording so you need to practice taking notes of main points as you listen.
先听演讲会或电视中老师的说明或解说，然后通过全文总结说的是关于什么的事，主张的是什么。选项也有语音提示，所以练习边听边把自己认为是要点的部分记录下来十分必要。
강연회나 텔레비전 등에서 강사 선생님이 말하는 설명이나 해설 등을 듣고, 전체를 통해서 무엇에 대해서 이야기하고 있는지, 주장하고 있는 것은 무엇인지를 파악하는 문제입니다. 보기도 음성으로 나오므로, 말의 포인트라고 생각되는 부분을 메모하면서 듣는 연습이 필요합니다.

◎ Disc2 1〜14
【解答】
1番　1　　2番　3　　3番　4　　4番　4

5番　3　　6番　4　　7番　1　　8番　3

9番　2　　10番　4　　11番　2　　12番　4

13番　1　　14番　2

【解説】
1番　1
女の人が何の目的で男の人の家に行くと言っているのかを聞き取る。「みかんを渡したい」というのが本当の目的。「犬の散歩に出るから、そのついでに」の「ついでに」は、「あることをするのと一緒に」という意味。主な目的は「みかんを渡すこと」なので注意。

You have to catch what the woman says is her purpose for going to the man's home. The「ついでに」in「犬の散歩に出るから、そのついでに」means「あることをするのと一緒に」, 'do something together with something else.' For a main purpose,「みかんを渡すこと」, 'to give mikan oranges,' is used, so be careful.
听懂女人说的是以什么目的去男人家的。"去送橘子"是真正的目的。「犬の散歩に出るから、そのついでに」的「ついでに」是"顺便做某事"的意思。注意主要的目的是"送橘子"。
여자가 무슨 목적으로 남자의 집에 간다고 말하고 있는지를 듣고 이해한다.「귤을 건네고 싶다」라고 하는 것이 진짜 목적.「犬の散歩に出るから、そのついでに」의「ついでに」는「어떤 것을 하는 것과 함께」라고 하는 의미. 주된 목적은 귤을 건네는 것이므로 주의.

2番　3
話全体に題名をつけるとしたら、どんな表現がよいか、と考えるとわかりやすい。この問題では、「いいアイデアを思いついた場所」について話している。答えは3。

It is easier to understand if you think about this question in terms of giving the whole thing a title, which expression would be the best. They are talking about「いいアイデアを思いついた場所」, 'where I came up with the idea.' The answer is 3.
考虑一下如果给全体加一个标题的话，怎么加好呢？这样会比较容易理解。这个问题中，说到关于"能够想出好注意的地方"。答案是3。
이야기 전체에 타이틀을 붙인다면, 어떤 표현이 좋은가라고 생각하면 알기 쉽다. 이 문제에서는「좋은 아이디어가 생각난 장소」에 대해서 말하고 있다. 정답은 3.

3番　4
2人が何をテーマに話しているか、をつかむ。2人

は今年1年の出来事を振り返りながら話している。「ぼくは『変』っていう字」「私は〜『新』の字」などと言っていることから、今年1年を表す漢字について話していることがわかる。合うのは4。

You have to grasp what theme they are talking about. They are looking back over the year's events and talking. They are saying things like「ぼくは『変』っていう字」「私は〜『新』の字」so you know they are talking about which *kanji* they would use to represent the year. The answer that matches that is 4.

抓住两个人在说什么话题？两个人正在边回忆一年来的事件边聊天。从「ぼくは『変』っていう字」「私は〜『新』の字」等话中可知他们在说如何用汉字来表述今年1年的事。答案是4。

두 사람이 무엇을 테마로 말하고 있는지를 파악한다. 두 사람은 올해 1년 간 일어난 일을 돌아보면서 말하고 있다.「ぼくは『変』っていう字」「私は〜『新』の字」등 이라고 말하고 있는 것으로부터, 올해 1년을 나타내는 한자에 대해서 말하고 있는 것을 알 수 있다. 알맞은 것은 4.

4番　4

女の人が、どう考えているか、意見を聞き取る問題。女の人は「電子辞書」と「紙の辞書」について話している。途中まで、それぞれの辞書の特徴について話しているが、女の人の考えは最後の「2つの辞書を上手に使いわけるのが賢いと言えるでしょう」の部分。これに合うのは4。前半で電子辞書について否定的なことを言っているからといって、1の「紙の辞書がいい」を選んでしまわないように。

You have to catch an opinion; what the woman is thinking. She is talking about「電子辞書」, 'electronic dictionaries,' and「紙の辞書」, 'paper dictionaries.' Until the middle, she talks about the various features of each dictionary, but her thoughts are at the end「2つの辞書を上手に使いわけるのが賢いと言えるでしょう」. 4 matches this. In the first half she says some negative things about electronic dictionaries, so don't mistakenly choose 1「紙の辞書がいい」, 'paper dictionaries are better.'

女人是怎么想的？听懂意见的问题。女人在说关于电子词典和纸词典。前半部分都在说词典的各种特征，女人最后的考虑是「2つの辞書を上手に使いわけるのが賢いと言えるでしょう」的部分。与之相符的是4。尽管前半部分说到关于电子词典的否定的话，但注意不要因此而选择了1的"纸字典好"。

여자가 어떻게 생각하고 있는가 의견을 듣고 이해하는 문제. 여자는「電子辞書」과「紙の辞書」에 대해서 말하고 있다. 도중까지, 각각의 사전의 특징에 대해서 말하고 있으나, 여자의 생각은 마지막의「2つの辞書を上手に使いわけるのが賢いと言えるでしょう」의 부분. 이것에 맞는 것은 4. 전반에 전자 사전에 대해서 부정적인 것을 말하고 있다고 해서, 1의「종이 사전이 좋다」를 선택해 버리지 말도록.

5番　3

女の人が、何を頼みたいと思っているのかをつかむ。はっきり相手に対して、「〜してください」という頼み方はしていないが、状況や理由を話す形で依頼をしている。女の人は、「だれか代わってくれる人、いないかなあ」と言っていることから、アルバイトを交代してくれる人を探していることがわかる。

You have to catch what the woman thinks she wants to request. She doesn't clearly make a request of the other person, such as「〜してください」, but she requests by talking about the situation and reason. The woman says「だれか代わってくれる人、いないかなあ」so you know she is looking for someone to fill in for her at her part-time job.

抓住女人想要向对方拜托什么事。没有向对方用「〜してください」这样的拜托方式，而是用叙述状况和理由的方式来拜托。从女人的「だれか代わってくれる人、いないかなあ」的话中可知，正在找打工的接班人。

여자가 무엇을 부탁하고 싶다고 생각하고 있는지를 파악한다. 확실하게 상대에 대해서「〜してください」라고 하는 부탁하는 방식을 취하고 있지 않으나, 상황이나 이유를 말하는 형태로 의뢰를 하고 있다. 여자는「だれか代わってくれる人、いないかなあ」라고 말하고 있는 것으로부터, 아르바이트를 교대해 줄 사람을 찾고 있는 것을 알 수 있다.

6番　4

話全体に題名をつけるとしたらどんな表現がよいか、と考えると、わかりやすい。話している内容を見ると、「コピー機を使う」「荷物を送る」など、コンビニのサービスについて話していることがわかる。これに合うのは4。

It is easier to understand if you think about this question in terms of giving the whole thing a title, which expression would be the best. If you look at the content of what they are talking about,「コピー機を使う」, 'use the copy machine,'「荷物を送る」, 'send packages,' etc, you can see they are talking about services offered at a convenience store. The answer that matches this is 4.

考虑一下如果给全体加一个标题的话，怎么加好呢？这样会比较容易理解。看谈话内容可知，说的是「コピー機を使う」「荷物を送る」(使用复印机、行李托运)等关于便利店服务的话题。与之相符的是4。

이야기 전체에 제목을 붙인다면 어떤 표현이 좋을지 생각하면 알기 쉽다. 말하고 있는 내용을 보면,「コピー機を使う복사기를 쓴다」「荷物を送る짐을 보낸다」등 편의점 서비스에 대해서 말하고 있는 것을 알 수 있다. 이것에 맞는 것은 4.

7番　1

2人が何について話しているか、をつかむ。話のテ

ーマは電車の中で見たこと。「びっくりした」「私の国では考えられない」などと言っていることから、おどろいたことについて話していると考えられる。

You have to catch what the two people are talking about. The theme of the conversation is what they saw on the train. They say things like「びっくりした」「私の国では考えられない」so you can assume they are talking about something they were surprised about.

把握两个人在说关于什么的话题？话题是在电车中看到的。从「びっくりした」「私の国では考えられない」等对话中可想到是关于令人惊讶的事件的话题。

두 명이 무엇에 대해서 말하고 있는지를 파악한다. 이야기의 테마는 전차 안에서 본 것. 「びっくりした」「私の国では考えられない」 등 말하고 있는 것으로부터, 놀란 것에 대해서 말하고 있는 것을 생각 할 수 있다.

8番　3

話のテーマをつかむ問題。最初に「東京の気温が上がった」とあるが、それは後の説明をするための導入なので、まどわされないこと。この話の主なテーマは「ぐっすり眠るためには」以降の部分にある。「軽い運動をする」「寝る前にお酒やコーヒーを飲み過ぎない」など、暑い夜によく眠るための方法を紹介している。2は「上手に使わないと体の調子を悪くすることがある」と言っているが、上手な使い方を説明しているわけではないので×。

In this question you have to grasp the theme of the talk. At first he says,「東京の気温が上がった」, but don't be fooled because it is only an introduction to the explanation that comes next. The main theme of this talk comes after the section that says,「ぐっすり眠るためには」. He is introducing ways of sleeping well on hot nights, such as「軽い運動をする」, 'do some light exercise,' and「寝る前にお酒やコーヒーを飲み過ぎない」, 'before going to bed don't drink too much alcohol or coffee.' Answer option 2 says「上手に使わないと体の調子を悪くすることがある」, 'if you do not use it well, you may make yourself sick,' but the man is not talking about using something well so it is x.

把握谈话的主题。最初说到「東京の気温が上がった」，但那是为了后面的说明做的铺垫，不要被迷惑了。这段话的主要主题是在「ぐっすり眠るためには」以后的部分。"稍做运动""睡前不要过量饮酒和咖啡"等，介绍能在夏天晚上睡好觉的方法。2说「上手に使わないと体の調子を悪くすることがある」，却不是在说明这个很好地使用方法，所以是×。

이야기의 테마를 파악하는 문제. 맨 처음의「東京の気温が上がった」라고 있으나, 그것은 뒤의 설명을 하기 위한 도입이므로, 현혹되지 않을 것. 이 이야기의 주된 테마는「ぐっすり眠るためには」이후의 부분에 있다. '가벼운 운동을 한다' '자기 전에 술이나 커피를 너무 많이 마시지 않는다' 등 더운 여름에 잘 자기 위한 방법을 소개하고 있다. 2는「上手に使わないと体の調子を悪くす

ることがある」라고 말하고 있으나, 능숙한 사용 법을 설명하고 있는 것은 아니므로×.

9番　2

女の人が最終的に何をしてほしいと男の人に頼んでいるか、つかむ問題。鍵になるのは「今から変えられるかな〜一緒に行きたいって……」の部分。もう1人、行く人の数を増やしてほしい、と言っている。概要理解の問題では「〜してください」などのように、はっきり依頼を表す表現が使われていないことも多いので、「この人は何が言いたいのか」を推測する力をつけよう。

This question asks you to catch what the woman finally asks the man to do. The key is in the section that says「今から変えられるかな〜一緒に行きたいって……」. She is asking to increase the number of people going by 1. In summary understanding questions like this one, it is common to not use direct requests like「〜してください」, 'please do 〜,' so you need to attain the skill to understand inference and get「この人は何が言いたいのか」, 'what does this person want to say.'

抓住女人最后拜托男人做什么？关键在「今から変えられるかな〜一緒に行きたいって……」的部分。她说到，再加一个人，希望同行的人数增加。在概要理解的问题中，大多不用"请这样做"等这样直接的拜托方式，请加强推测"这个人要说什么"的能力。

여자가 최종적으로 무엇을 하기를 원한다고 남자에게 부탁하고 있는지를 파악하는 문제. 열쇠가 되는 것은「今から変えられるかな〜一緒に行きたいって……」의 부분. 한 명 더 가는 수를 늘리기를 원한다고 말하고 있다. 개요 이해의 문제에서는「〜해주세요」등과 같은 확실하게 의뢰를 나타내는 표현이 쓰이고 있지 않은 경우가 많으므로「이 사람은 무엇을 말하고 싶은가」를 추측하는 힘을 기르자.

10番　4

話全体は、「笑い」について話している。「気持ちを楽しく、明るくしてくれる」「血液の流れや〜減らしたりする」などは、「笑い」がもたらす効果。心と体の両方について言っているので答えは4。選択枝1は「病気を治す」とまでは言っていないので×。2も「心」についてだけしか言っていないので×。「笑いが脳の働きをよくする」というのも、笑いの効果の一部を言っているだけなので、3も×。

They are talking about「笑い」, 'laughter.' Things like「気持ちを楽しく、明るくしてくれる」and「血液の流れや〜減らしたりする」are effects of「笑い」, 'laughter.' She is talking about both the mind and the body so the correct answer is 4. She does not go as far as to say「病気を治す」, 'it cures illness,' so answer 1 is x. Answer 2 only mentions「心」, 'the mind' so it

is also x. Answer 3 only mentions one effect,「笑いが脳の働きをよくする」, 'laughter is brain-enhancing,' so it too is x.
全篇说的是关于笑的话题。「気持ちを楽しく、明るくしてくれる」「血液の流れや～減らしたりする」等是"笑"带来的效果。说的是心和身两方面，所以答案是4。选项1只说了"治病"，所以×。2也只说了关于"心"，所以×。"笑可以很好地让大脑活动"也只是说了笑的效果的一个部分，所以3也×。
이야기 전체는「웃음」에 대해서 말하고 있다.「気持ちを楽しく、明るくしてくれる」「血液の流れや～減らしたりする」등은「웃음」이 가져오는 효과. 마음과 몸 양쪽에 대해서 말하고 있는 답은 4. 보기 1은「병이 낫는다」라고 까지는 말하고 있지 않으므로×. 2도「마음」에 대한 것만 말하고 있지 않으므로×.「웃음이 두뇌의 움직임을 좋게 한다」고 하는 것도 웃음의 효과의 일부만을 말하고 있는 것이므로 3도×.

11番 2
男の人の主張を聞き取る問題。最後のことばで「私はそれがよいと考えます」の「それ」は、その前の「少しずつ～完全にやめる」の部分を指す。選択枝1の「すぐにやめるべきだ」は、「しかし」の後の部分で否定されている。また、「経済の発展を妨げる危険性もある」と言っているので3かとも思うが、最後までよく聞いて答えを選ぼう。

You have to catch the man's claim. The「それ」in「私はそれがよいと考えます」refers to the「少しずつ～完全にやめる」before it. Answer option 1 the「しかし」, 'but,' contradicts what comes before it,「すぐにやめるべきだ」, 'It should be stopped right away.' Also, he says, 経済の発展を妨げる危険性もある so you may think answer 3 is correct but you must listen carefully to the end and then choose.
听懂男人的主张。最后的话「私はそれがよいと考えます」中的「それ」指的是之前的「少しずつ～完全にやめる」的部分。选项1的"应该立即停止"被"但是"的后面的部分否定掉了。而且，还说到「経済の発展を妨げる危険性もある」，所以会想到是3，但要好好听到最后再选择答案。
남자의 주장을 듣고 이해하는 문제. 마지막 말에서「私はそれがよいと考えます」의「それ」는 그 전의「少しずつ～完全にやめる」의 부분을 가리킨다. 보기1의「바로 그만둬야 한다」는「하지만」의 뒤의 부분으로 부정되고 있다. 또한,「経済の発展を妨げる危険性もある」라고 말하고 있으므로 3이라고 생각할 수 있으나, 마지막까지 잘 듣고 답을 선택하자.

12番 4
学生が何をお願いにきたのかをつかむ問題。ポイントは「これから毎週～直していただけないでしょうか」の部分。作文を見て直してほしい、と頼んでいる。ほかのことばで言い換えると「チェックしてほしい」という意味なので、答えは4。

In this question you have to catch what the student has come to request. The key is in the part that says,「これから毎週～直していただけないでしょうか」. He has come to ask that the teacher look at and correct his essay. Another way to say it is「チェックしてほしい」, 'I want you to check it,' so the answer is 4.
抓住学生为干什么而来？关键是「これから毎週～直していただけないでしょうか」的部分。拜托带着修改论文。换句话来说就是「チェックしてほしい」(想让检查)的意思，所以答案是4。
학생이 무엇을 부탁하러 왔는지를 파악하는 문제. 포인트는「これから毎週～直していただけないでしょうか」의 부분. 작문을 보고 고치기를 원한다고 부탁하고 있다. 다른 말로 바꾸면「チェックしてほしい체크하기를 원한다」라는 의미이므로, 정답은 4.

13番 1
この人が言いたいことは最後の「上に立つ人は、若い人が何を言っても、まず、よく聞くこと」。これに合うのは1。「上の人の言うことを聞いておいたほうがいいと思うのは当たり前」と言っているので、2かと思うかもしれないが、発言中では「それはよくないことだ」と批判していることをきちんと聞き取ろう。

What this person wants to say is at the end:「上に立つ人は、若い人が何を言っても、まず、よく聞くこと」. The answer that matches this is 1. It says「上の人の言うことを聞いておいたほうがいいと思うのは当たり前」so you may think number 2 is correct, but in the middle, she criticizes this saying,「それはよくないことだ」, 'this is not a good thing,' so listen carefully.
这个人想要说的是最后的「上に立つ人は、若い人が何を言っても、まず、よく聞くこと」。与此相符的是1。因为说到「上の人の言うことを聞いておいたほうがいいと思うのは当たり前」，所以可能会想到是2，但要好好听发言中有"那样不好吧"批评的话。
이 사람이 말하고 싶은 것은 마지막의「上に立つ人は、若い人が何を言っても、まず、よく聞くこと」. 이것에 맞는 것은 1.「上の人の言うことを聞いておいたほうがいいと思うのは当たり前」라고 말하고 있으므로, 2라고 생각할지 모르나, 발언 중에서는「그것은 좋지 않은 것이다」라고 비판하고 있는 것을 정확하게 듣자.

14番 2
日本で、人におみやげを渡したり、物をあげたりするときに、よく聞かれる会話。男の人は、おみやげのお菓子を女の人に渡しにきた。女の人は「申しわけない」「困ります」などと言っているが、謝ったりおこったりしているわけではなく、お礼を言っている。

In Japan, conversations involving giving souvenirs and other things are very common. The man has come to give the woman a souvenir of sweets. The woman says「申しわけない」and「困ります」but she is not angry and she is not apologizing;

she is thanking him.
在日本，送给人土特产或给人礼物时常常可以听到的对话。男人来给女人送土特产。女人说「申しわけない」「困ります」等话，但没有抱歉和生气的意思。
일본에서 사람에게 선물을 전해 주거나, 물건을 주거나 할 때에 자주 듣는 회화. 남자는 선물인 과자를 여자에게 건네주러 왔다. 여자는「申しわけない」「困ります」등 말하고 있으나, 사과하거나, 화내거나 하는 것이 아니라, 사례 인사를 하고 있다.

問題4 発話表現

会話の前に、場面設定が示され、その状況にふさわしい表現を選ぶ問題です。答えは音声で示されます。人に依頼する、人をさそう、さそいを断る、許可を求める、お礼を言うなどの表現のほか、場面によって決まっているあいさつ表現、敬語などに関する問題も出題されると考えられます。

In this question, before the conversation, the scene is set and you have to choose the most suitable expression for the situation. The answers are in the vocal recording. Besides requesting, inviting, declining invitations, asking permission, and expressing thanks, there may also be questions about specific scenes and honorific language.
对话之前，指明场面设定，选择与之相符的选项。答案由语音提示。求人办事、邀请他人、拒绝邀请、征求许可、回礼的话等表达方式，以及根据场面不同固定问候语和敬语等相关问题将会被考到。
회화 전에, 장면 설정이 제시되어, 그 상황에 적합한 표현을 선택하는 문제입니다. 답은 음성으로 제시됩니다. 사람에게 의뢰한다, 사람을 유인한다, 권유를 거절하다, 허가를 구하다, 사례 인사를 하다 등의 표현 이외에, 장면에 의해 정해져 있는 인사 표현, 경어 등에 관한 문제도 출제됩니다.

◎ Disc2 15〜31
【解答】

1番	1	2番	3	3番	2	4番	2
5番	3	6番	1	7番	3	8番	2
9番	1	10番	2	11番	1	12番	1
13番	2	14番	3	15番	1	16番	2
17番	1						

【解説】

1番 1

親しい友人から借りた本を、汚したことを申しわけないと思う気持ちを伝える表現。話しことばでは、この問題のように「〜てしまう」が「〜ちゃう」になる。

This is an expression used to express apologetic feelings to a close friend for soiling a book you borrowed. In spoken language,「〜てしまう」, 'end up doing something,' becomes「〜ちゃう」.
把从好朋友那里借来的书弄脏了，对此表示抱歉的表达方式。对话中，这样的问题「〜てしまう」(表示负面影响已成事实) 要改用「〜ちゃう」。
친한 친구로부터 빌린 책을 더럽힌 것을 미안하게 생각하는 기분을 전하는 표현. 회화체에서는 이 문제와 같이「〜てしまう〜해 버리다」가「〜ちゃう」가 된다.

2番 3

自分が窓を開ける許可を求める言い方は「開けてもいいですか」。選択枝2の「開けたらいいですよ」は相手に勧めたり、提案したりする表現。

「開けてもいいですか」is used when you want to ask permission to open the window. Answer option 3「開けたらいいですよ」is used to suggest or recommend to the other person.
征求自己要开窗的说法是「開けてもいいですか」。选项2的「開けたらいいですよ」是建议或提议对方去做某事的表达方式。
자신이 창문을 여는 허가를 구하는 표현은「開けてもいいですか」. 보기2의「開けたらいいですよ」는 상대에게 권하거나, 제안하거나 하는 표현.

3番 2

会社で、部長が先に帰る、つまり部長を送り出すときに使うのは「お疲れさまでした」がよい。3の「お先に失礼します」は自分が部長より先に、会社を出るときの表現。

At the office, when your section chief leaves before you, to send him off you say「お疲れさまでした」. Option 3,「お先に失礼します」, is an expression used when you leave the office before the section chief.
在公司，部长先回家时，也就是送部长出门时使用「お疲れさまでした」比较好。3的「お先に失礼します」是自己比部长早回家时的说法。
회사에서 부장이 먼저 돌아간다. 즉, 부장을 배웅 할 때 쓰는 것은「お疲れさまでした」가 좋다. 3의「お先に失礼します」는 자신이 부장 보다 먼저, 회사를 나갈 때의 표현.

解答・解説

4番　2

夫に手紙を出してもらうことをお願いする表現。「～てくれませんか」が、親しい人には「～てくれない?」になる。「悪いけど」は、人に物をお願いするときに、申しわけないという気持ちを表すために最初につける表現。

This is an expression used to ask your husband to mail a letter. 「～てくれませんか」, 'would you be kind enough to ～?' becomes, 「～てくれない?」, 'would you please ～?'「悪いけど」is an expression used before you ask someone to do something to express your apologies (for any inconvenience).
求其夫帮自己寄信的表达方式。「～てくれませんか」(能帮我～)在对亲切的人说时可变成「～てくれない?」。「悪いけど」是在拜托别人做事时,带有抱歉之意的放在最前面说的词。
남편에게 편지를 보내달라고 부탁을 하는 표현.「～てくれませんか～해 주지 않겠습니까」가 친한 사람에게는「～해 주지 않을래?」가 된다.「悪いけど」는 사람에게 일을 부탁할 때에 미안한 기분을 표현하기 위해 처음에 붙이는 표현.

5番　3

自分が書いた企画書の内容や形式を部長にチェックしてくれるようにお願いする表現。親しい相手であれば「見てくれますか」でよいが、ここでは上司なのでていねいに「ごらんいただけますか」を使っている。

This is an expression used when you request your section chief to check the content of a proposal you wrote. If it is a close acquaintance, you can use「見てくれますか」, but this is your boss so the polite form,「ごらんいただけますか」, is used.
拜托部长帮检查自己写的企划书的内容和形式时的表达方式。如果是亲近的对方可以用「見てくれますか」,但是这里对方是上司,要用尊敬的说法「ごらんいただけますか」。
자신이 쓴 기획서의 내용이나 형식을 부장에게 체크해 달라고 부탁하는 표현. 친한 상대라면「見てくれますか」로 좋으나, 여기서는 상사이므로 정중하게「ごらんいただけますか」를 쓰고 있다.

6番　1

夜、知っている人に会ったときに使う表現は「こんばんは」。家族に対しては、家の中でも外でも使わない。

The expression you use when you meet someone you know at night is「こんばんは」. You do not use this with your family, either inside or outside the house.
晚上,遇到认识的人时使用的礼貌用语是「こんばんは」。而对家人无论在家还是在外都不适用。
밤에 알고 있는 사람을 만날 때 쓰는 표현은「こんばんは」. 가족에게는 집 안에서도 밖에서도 쓰지 않는다.

7番　3

自分のためにおみやげを買ってきてくれたことに感謝する表現。ここでは、相手の気づかいに対してお礼を述べている。1の「気がつかなくてすみません」は自分の不注意を謝る表現。2の「気をつけていらしてください」は旅行や仕事に出かけようとしている人に対して言う表現で、「気をつけて行ってらっしゃい」とも言う。

This is an expression you can use when someone has bought you a souvenir. You are expressing gratitude for the other person's concern for you. In option 1「気がつかなくてすみません」is apologizing for your own lack of concern. Option 2「気をつけていらしてください」is used when someone leaves for work or goes on a trip; you can also say「気をつけて行ってらっしゃい」.
对别人给自己买来的土特产表示感谢的表达方式。在这里是对对方的客气予以还礼。1的「気がつかなくてすみません」是对自己的粗心表示抱歉。2的「気をつけていらしてください」是对要去旅行和要出门去工作的人的说法,也可以说成「気をつけて行ってらっしゃい」。
자신을 위해서 선물을 사와 준 것에 감사하는 표현. 여기서는 상대의 배려에 대해서 사례 인사를 하고 있다. 1의「気がつかなくてすみません」는 자신의 부주의를 사과하는 표현. 2의「気をつけていらしてください」는 여행이나 일로 나가려는 사람에게 쓰는 표현으로,「気をつけて行ってらっしゃい」라고도 말한다.

8番　2

相手のためになることを、自分から進んでしようと申し出る言い方。先生に対して言うので、1の「お荷物、持ってあげます」は不適切。

This is a way of offering to do something for someone. Because the other person is a teacher, 1「お荷物、持ってあげます」is not appropriate.
自己提出要帮助对方做某事时的表达方式。这里是对老师说的话,所以1的「お荷物、持ってあげます」不合适。
상대를 위한 것을 자신으로부터 진행하려고 제안하는 표현. 선생님께 말하므로, 1의「お荷物、持ってあげます」는 부적절.

9番　1

人の物を借りる許可を求める表現。仲のよい友だちなので「～てもらえませんか」が「～てもらえない?」となる。発音するときは最後を上げるイントネーションで言う。

This is an expression used for asking permission to borrow something from someone. Because it is a close friend,「～てもらえませんか」, 'could I please ～,' becomes「～てもらえな

い?」、'can I ～.' When you say it, you should use intonation and raise your voice at the last part to make it a question.
找他人借物品征求许可的表达方式。是关系很好的朋友，所以「～てもらえませんか」可以改成「～てもらえない?」。发音时要把最后的部分发成向上的语调。
사람의 물건을 빌리는 허가를 구하는 표현. 사이가 좋은 친구이므로「～てもらえませんか~해 받을 수 없습니까」가「~해 받을 수 없어?」가 된다. 발음할 때에는 마지막을 올리는 인터네이션으로 말한다.

10番　2
先輩をパーティーにさそう表現。「一緒に行きませんか」ではなく「いらっしゃいませんか」という尊敬表現を使う。

This is an expression used to invite your superior to a party. You use not 「一緒に行きませんか」, but 「いらっしゃいませんか」, to express respect.
邀请前辈去参加派对的表达方式。不是用「一緒に行きませんか」而是用「いらっしゃいませんか」表示尊敬。
선배에게 파티에 가자고 권하는 표현.「一緒に行きませんか」이 아닌「いらっしゃいませんか」라고 하는 존경 표현을 쓴다.

11番　1
何かが落ちたことを相手に気づかせる表現。

This is an expression used when someone has dropped something and you are informing them.
提醒对方有物品掉落时的表达方式。
무엇인가 떨어진 것을 상대가 알아채도록 하는 표현.

12番　1
相手の持ち物を見せてもらうときの表現。

This is an expression used when you want to have someone show you what they have.
让对方给自己看拿着的物品时的表达方式。
상대의 소유물을 보게 될 때의 표현.

13番　2
今後は、今までのようには会えなくなる人に対して、それまでの感謝を伝える表現。

This is an expression that is used to convey thanks to someone that, until now, you have met often but will not be able to see anymore.
对今后不能再像目前这样相见的对方表达至今为止的感谢之情的表达方式。
앞으로는 지금과 같이는 만날 수 없게 되는 사람에 대해서 지금까지의 감사를 전달하는 표현.

14番　3
窓口の場所を確認する表現。1は時間を聞いているので×。2の「どんなところ」は様子を聞く表現なので×。「ところ」と言っているので、場所を聞いているのだと間違えないように。日本では窓口に番号がついていて、その番号で呼ぶことが多い。

This expression is used to confirm the location of a window in a city office. Answer option 1 is asking time so it is x. 2 asks「どんなところ」, which is an expression used to ask circumstances so it is x. It also mentions「ところ」so don't make a mistake. In Japan, windows in city offices have numbers and it is common to call them by those numbers.
确认窗口的地点的表达方式。1是询问时间，所以×。2的「どんなところ」是问样子的表达方式，所以也×。说了「ところ」，所以不要把这错当成询问场所。日本窗口都有编号，多数情况下都会叫那个编号。
창구의 장소를 확인하는 표현. 1은 시간을 묻고 있으므로×, 2의「どんなところ」는 상태를 묻는 표현이므로×.「ところ」라고 말하고 있다고 해서, 장소를 묻고 있는 것이라고 틀리지 말도록. 일본에서는 창구에 번호가 붙어있어, 그 번호로 부르는 경우가 많다.

15番　1
自分の頼んだものと違うものが運ばれたときに、苦情を穏やかに示す表現。

This is an expression used when you are brought something different than what you ordered to make the complaint gentler.
自己定的物品被误送时，委婉地发牢骚的表达方式。
자신이 부탁한 것과 다른 것이 옮겨졌을 때에, 불평을 온화하게 나타내는 표현.

16番　2
晴れた日に知人に会ったときの表現。晴れているので、いい天気であるのは両者にとって明らかであるが、それをことばにすることは日常生活でよくあること。3は晴れてほしい日の前日などに願いを込めて言う表現。

This is an expression used when greeting an acquaintance you meet on a sunny day. It is sunny, and even though it is clear to both people, it is common in everyday life to mention it. 3 is something you say the day before wishing the next day to be sunny.
晴天时，遇到熟人时的问候方式。因为是晴天，好天气让两人都感到心情开朗，用词语来表达这种心情在日常生活中十分常见。3是希望天气转晴的前一天的祝愿的表达方式。
맑은 날에 지인과 만났을 때의 인사 표현. 맑으므로, 좋은 날씨인

解答・解説

것은 양쪽에게 있어서 명확하나, 그것을 말로 하는 것은 일상 생활에서 자주 있는 경우. 3은 맑기를 원하는 날의 전날 등에 소망을 담아 말하는 표현.

17番　1

相手に何かを依頼する表現。「〜もらえませんか」や「〜ていただけませんか」も使えるが、このような場面では「〜てください」も失礼ではない。

This is an expression used when someone is requesting something.「〜もらえませんか」, 'Could you do 〜?' and「〜ていただけませんか」, 'Would you be kind enough to do 〜?' can also be used but in this type of scene,「〜てください」, 'please do 〜' is not rude.
求对方做某事时的表达方式。"不可以么？""不可以？（敬语）"也可使用，这样的情况使用「〜てください」（请）也不算失礼。
상대에게 무엇인가를 의뢰하는 표현.「〜해 줄 수 있습니까 (라는 의미의 일본어)」나「〜해 주실 수 있습니까 (라는 의미의 일본어)」도 사용 할 수 있으나, 이와 같은 장면에서는「〜てください 〜해 주세요」도 실례는 아니다.

問題5　即時応答

最初に短い問いかけがあり、それに対してどのように答えるのが最もふさわしいか、答える問題です。問いかけも答えも、すべて音声で示されます。最初の問いかけを聞いて、場面の状況、相手との関係、相手が何を求めているのか、を聞き取らなくてはなりません。決まったあいさつことばのほか、使われる場面によって意味が異なることば、慣用的な表現なども出題されると考えられます。

These are questions where you have to choose what the most suitable answer is after a short question. All of the questions and answer options are on the vocal recording. You must listen to the first question and catch the circumstances of the scene, the relationship with the other person, and what the other person wants. There will be questions which ask for set greetings, words that change according to different scenes and idiomatic expressions.
最初有个简短的提问，对此如何回答是最合适的？提问和答案都有录音提示。先听最初的提问，接着必须听懂当时的状况，与对方的关系，对方要求的东西。除了固定的问候语之外，也会考到因使用场所不同而意义不同的词语，惯用表达方式等。
맨 처음에 짧은 질문이 있고, 그것에 대해서 어떻게 답하는 것이 가장 알맞은지 답하는 문제입니다. 질문도 답도, 모두 음성으로 나옵니다. 맨 처음의 질문을 듣고, 장면의 상황, 상대와의 관계, 상대가 무엇을 요구하고 있는가를 듣지 않으면 안 됩니다. 정해진 인사말 이외에 사용되는 장면에 따라 의미가 다른 말, 관용적인 표현 등도 출제됩니다.

◎ Disc2 32〜56

【解答】

1番	3	2番	1	3番	2	4番	3
5番	1	6番	1	7番	3	8番	2
9番	3	10番	1	11番	2	12番	1
13番	3	14番	2	15番	3	16番	2
17番	2	18番	1	19番	2	20番	3
21番	1	22番	1	23番	2	24番	2
25番	3						

【解説】

1番　3　大変だね。お疲れさま。　←（仕事が終わらないや。今日も帰るの、遅くなるなあ。）
相手は、帰りが遅くなることに関して、「いやだなあ」という感想を述べている。相手の大変さを認めて、「お疲れさま」と、いたわっている3が合う。

The other person is expressing「いやだなあ」because they can't go home until late. Acknowledging his difficulty and expressing comfort「お疲れさま」, number 3 is correct.
对方对要晚回家表达出,「いやだなあ」的感想。认同对方的烦恼, 用「お疲れさま」来表达慰劳之意的3是对的。
상대는 귀가가 늦어지는 것에 관해서「いやだなあ」라고 하는 감상을 말하고 있다. 상대의 고생을 인정하여「お疲れさま」라고 위로하고 있는 3이 알맞다.

2番　1　申しわけありません。これから気をつけます。　←（困りますよ、もっと早く、書類を出してもらわないと。）
相手は、書類を早く出さなかったことを非難している。それに対しては、謝罪と、これからの対応について答えている1が合う。

The other person is criticizing you for not handing in the documents earlier. In response to this, an apology and promise to do better, 1 is appropriate.
对方对没能尽早提交资料表示不满。对此表达抱歉之意，并对今后的工作做出回答的1是对的。
상대는 서류를 빨리 내지 않았던 것을 비난하고 있다. 그것에 대해서는 사죄와 지금부터의 대응에 대해서 답하고 있는 1이 알맞

解答・解説

3番　2　ええと、午前中はいますよ。　←（荷物送りたいんだけど、あした、家にいる？）
相手は、あしたの予定を確認している。自分のことについて答えているので「いますよ」が適当。1は「いらっしゃいます」と尊敬語なので、自分の行動に関して使うのは不適当。

The other person is confirming tomorrow's plans. You are answering about yourself so,「いますよ」is appropriate. 1 uses an honorific word,「いらっしゃいます」, so it is inappropriate to use it for yourself.
对方确定明天的计划。回答关于自己的事「いますよ」是适当的。1的「いらっしゃいます」是尊敬语，关于自己的行动使用是不适当的。
상대는 내일의 예정을 확인하고 있다. 자신의 것에 대해서 답하고 있으므로「いますよ」가 적당. 1은「いらっしゃいます」라는 존경어이므로, 자신의 행동에 관해서 쓰는 것은 부적당.

4番　3　はい、きのうから出張に行ってます。　←（あれ、小林くんはいないのかな？）
相手は、「小林くん」がいないのを見て、どうしたのか、確認している。小林くんはいないので、「はい」で答えている3が合う。「いないのかな？」は「いないのですか？」の口語的な言い方。否定疑問で聞かれた場合、いないなら「はい」で答える。いるのなら、「いいえ」で答える。

The other person, seeing that「小林くん」is not there, confirms the information. The correct response to that is 3,「はい」, 'yes.'「いないのかな？」is a colloquial way of saying,「いないのです」, 'isn't there.' When you are asked a negative question, if the answer is agreement then you respond,「はい」, 'yes.' If it is not true, then you answer,「いいえ」, 'no.'
对方在确认「小林くん」不在么，出什么事了？小林不在，所以回答"是"的3是对的。「いないのかな？」是「いないのですか？」（不在么？）的口语的说法。否定疑问式提问时，不在的话要用"是"来回答。如果在的话，用"不"回答。
상대는「小林くん」가 없는 것을 보고, 어떻게 된 것인가 확인하고 있다. 고바야시군은 없으므로「네」라고 답하고 있는 3이 맞다.「いないのかな？」는「いないのですか？없습니까？」의 구어적인 표현. 부정 의문으로 물어졌을 경우, 없으면「네」라고 답한다. 있으면「아니요」라고 답한다.

5番　1　うん、そうしてくれると助かるよ。　←（忙しそうだね、何か手伝おうか。）
相手は、こちらが忙しい様子を見て、手伝うと申し出ている。これに対しては、その申し出をありがたく受けている1が合う。

The other person, seeing you are busy, is offering to help. Number 1 is correct because it gratefully accepts the offer.
对方看见自己繁忙的样子，提出要帮忙。对此表示感谢并接受的1是对的。
상대는 이쪽이 바쁜 상태를 보고, 도와준다고 제의하고 있다. 이것에 대해서는 그 제의를 고맙게 받고 있는 1이 알맞다.

6番　1　ええ、おかげさまで、だいぶよくなりました。　←（お体の具合、どうですか？）
相手は、こちらの体の調子がどうか、聞いている。これに対しては、1の相手の気づかいに対するお礼の表現が適当。「おかげさまで」は、相手が心配してくれたときや、相手から親切を受けたときに、感謝の気持ちを伝える表現としてよく使う。

The other person is asking how you are feeling. In response to this, expressing thanks for their concern, 1 is appropriate.「おかげさまで」is often used to express gratitude when someone has expressed concern, or when someone has been kind to you.
对方在询问自己的身体状况。对此1, 对对方的关心表示感谢是对的。「おかげさまで」作为得到对方关心时，或得到对方的善意时，转达感谢之意的表达方式。
상대는 이쪽의 몸 상태가 어떠한가 묻고 있다. 이것에 대해서는 1의 상대의 배려에 대한 감사 인사의 표현이 적당.「おかげさまで」는 상대가 걱정해 주었을 때나 상대로부터 친절을 받았을 때에 감사의 기분을 전달하는 표현으로 잘 쓴다.

7番　3　いえいえ、こちらこそ、楽しかったです。　←（あ、もうこんな時間！　すっかりおじゃまちゃってすみません。）
遅くまで家に滞在したことを謝るときによく使われる表現。これに対しては、「こちらも楽しかった」という気持ちを伝える3が適当。慣用的なやり取りとして覚えておこう。

This is an expression that is used often when you have stayed at someone's house until late. The response to this, expressing,「こちらも楽しかった」, 'I had fun too,' is 3. You should memorize colloquial expressions like this.
对自己在别人家呆到很晚表示歉意的经常使用的表达方式。对此，表达"我也很高兴"的意思的3是对的。作为常用的对话来记住吧。
늦게까지 집에 체재 한 것을 사과할 때에 잘 쓰여지는 표현. 이것에 대해서는「이쪽도 즐거웠다」라고 하는 마음을 전하는 3이 적당. 관용적인 말의 주고 받음으로 기억해 두자.

8番　2　はい、鈴木さんなら、よく存じております。
←（鈴木さんという人を、ご存じですか。）
「ご存じですか」は「知っていますか」のていねいな表現。相手は鈴木さんという人を知っているか、と聞いている。これに対しては2が適当。

「ご存じですか」 is a polite way of saying,「知っていますか」, "Do you know?" The other person is asking if you know Suzuki-san. The appropriate response to that is 2.
「ご存じですか」是「知っていますか」(知道吗)的敬语表达。询问对方是否知道鈴木这个人。对此2是对的。
「ご存じですか」는 「知っていますか(알고 있습니까)」의 정중한 표현. 상대는 스즈키씨라는 사람을 알고 있는지 묻고 있다. 이것에 대해서는 2가 적당.

9番　3　ありがとう。でも、あしたはバイトなんだ。
←（映画のチケットがあるんだけど、あした、一緒に行かない?）
相手は、映画に一緒に行こう、とさそっている。「行かない?」は「行きませんか」の口語的な言い方。これに対しては、さそってくれたことに対して、「ありがとう」と言ってから、「でも、あしたはバイトなんだ」と断っている3が適当。

The other person is asking you to go to a movie with him.「行かない?」is a colloquial way of saying,「行きませんか」, 'Would you like to go?' Responding to the invitation,「ありがとう」, and then declining the invitation,「でも、あしたはバイトなんだ」the answer is 3.
对方邀请自己一起去看电影。「行かない?」是「行きませんか」的口语说法。对这种受到邀请的情况，从「ありがとう」可知，「でも、あしたはバイトなんだ」的拒绝的3是对的。
상대는 영화에 함께 가자고 권유하고 있다. 「行かない?」는 「行きませんか(가지 않겠습니까)」의 구어적인 표현. 이것에 대해서는 권유해 준 것에 대해서 「ありがとう」라고 말하고 나서 「でも、あしたはバイトなんだ」라고 거절하고 있는 3이 적당.

10番　1　ほんと、残念だね。　←（あー、楽しみにしてた旅行なのに、雨だよ……。）
相手は、雨になったことを残念に思っている。これに対しては、同意を示す1が適当。

The other person thinks it is too bad that it is raining. The response, expressing agreement, is 1.
对方对下雨这件事感到遗憾。对此表示同意的1是对的。
상대는 비가 내리게 된 것을 안타깝게 생각하고 있다. 이것에 대해서는 동의를 표하는 1이 적당.

11番　2　30部ですね。かしこまりました。　←（この資料、会議までに30部コピーしてください。）
相手は、コピーするように依頼している。これに対しては、その依頼を受ける2が適当。「かしこまりました」は「わかりました」をとても丁寧に言う表現。目上の人からの命令や指示を受けるときによく使う。

The other person is requesting you to make copies. The appropriate response, accepting the request, is 2.「かしこまりました」is a very polite way of saying「わかりました」, 'I understand.' It is often used when accepting a request or order from a superior.
对方拜托自己复印。对此，接受这个拜托的2是对的。「かしこまりました」是比「わかりました」(明白了)更尊敬的表达方式。接到尊长的命令或指示时经常使用。
상대는 복사를 의뢰하고 있다. 이것에 대해서는 그 의뢰를 받는 2가 적당. 「かしこまりました」는 「わかりました(알겠습니다)」를 매우 정중하게 말하는 표현. 윗사람으로부터 명령이나 지시를 받을 때 잘 쓴다.

12番　1　いえいえ、そんなことないですよ。
←（わー、きれい。佐藤さんは絵が上手ですね。）
相手は、絵が上手なことをほめてくれている。これに対しては、「そんなことないですよ」という謙遜の表現である1が最も合う。ほめられたときに謙遜するというやりとりは、日本人の会話にはよく見られる。

The man is complimenting the picture. The answer to that,「そんなことないですよ」, is a humble expression so 1 is correct. Expressions of humility when complimented are common in Japanese.
对方在赞扬自己绘画很优秀。对此，「そんなことないですよ」的谦虚的表达方式的1是最合适的。被赞扬的时候对以谦虚的态度，这在日本人的对话中经常可见。
상대는 그림이 능숙한 것을 칭찬해 주고 있다. 이것에 대해서는 「そんなことないですよ」라고 하는 겸손의 표현이 있는 1이 가장 맞다. 칭찬 받았을 때에 겸손한 말의 주고 받음은 일본인의 회화에서는 잘 볼 수 있다.

13番　3　ああ、気にしないでください。　←（借りたペン、なくしてしまいまして……。申しわけありません。）
相手は、ペンをなくしたことを謝っている。これに対しては相手を許している表現の3が合う。1の「どういたしまして」は、お礼を言われたときの返事。

The woman is apologizing for losing the pen she borrowed. The proper forgiving response to this is 3. 1,「どういたしまして」, is a response when someone thanks you.
对方对丢了钢笔的事表示道歉。对此，表示原谅对方的3是对的。1的「どういたしまして」是在被感谢时的回应。
상대는 펜을 잃어버린 것을 사과하고 있다. 그것에 대해서는 상대를 용서하고 있는 표현의 3이 맞다. 1의「どういたしまして」는 감사의 인사를 들었을 때의 대답.

14番　2　山本さんが行きます。　←（駅までだれが先生を迎えに行くの？）
「行く」「来る」「帰る」の違いに気をつけよう。相手は「だれが駅に行くのか」と聞いている。これに対しては「山本さんが行く」と答えている2が適当。

Be careful with the difference between「行く」, 'go,'「来る」, 'come,' and「帰る」, 'go home.' The man is asking,「だれが駅に行くのか」, 'who is going to the station?' The appropriate response to that is 2,「山本さんが行く」.
请注意「行く」「来る」「帰る」（去，来，回来）的区别。对方问道"谁去车站"。对此回答「山本さんが行く」的2是对的。
「行く가다」「来る오다」「帰る돌아가다」의 차이에 주의하자. 상대는「누가 역에 가는가」라고 묻고 있다. 이것에 대해서는「山本さんが行く」라고 답하고 있는 2가 적당.

15番　3　電車で駅まで行って、そこからバスです。
←（いつもどうやって家まで帰りますか。）
相手はふだん、どのようにして家に帰るのか、を聞いている。これに対しては3が適当。1のように過去形で答えると、「ふだん」ではなく、「きのうの出来事」を聞かれた場合の返事になるので×。

The woman is asking the man how he usually gets home. The appropriate response is 3. If you use a past tense response like 3, it is not「ふだん」, 'usually,' but「きのうの出来事」, 'something that happened yesterday,' so it is x.
对方询问自己平日里怎么回家？对此3是对的。1那样的过去式回答的话就不是"平日里"了，就成了询问"昨天的事"的回答了，所以是×。
상대는 평소, 어떻게 집에 돌아가는지를 묻고 있다. 그것에 대해서는 3 적당. 1과 같은 과거형으로 답하면「평소」가 아닌,「어제 일어난 일」을 물어진 경우의 대답이 되므로×.

16番　2　そうですね、5年ほどになります。　←（日本にいらっしゃってどのくらいになりますか？）
相手は、日本に滞在している期間を聞いている。その期間を正しく答えているのは2。3の「時間の名詞＋かかる」は「滞在している期間」を言うのには使わないので×。「いらっしゃる」は「来る」の尊敬語。自分の行為について「いらっしゃる」とは言わないので1も×。

The man is asking how long you have been in Japan. Answer 2 properly responds with the length of time. In answer 3,「時間の名詞＋かかる」, 'time noun + require / take,' is not used for「滞在している期間」, 'length of stay,' so it is x.「いらっしゃる」is formal for「来る」, 'come.'「いらっしゃる」is not used for yourself.
对方问在日本停留的时间。对那个期间的正确回答是2。3的「時間の名詞＋かかる」（时间名词＋花费）不能用在"停留时间"上，所以×。「いらっしゃる」是「来る」（来）的尊敬语。关于自己的行为不能说「いらっしゃる」，所以1也是×。
상대는 일본에 체재하고 있는 기간을 묻고 있다. 그 기간을 정확하게 답하고있는 것은 2. 3의「時間の名詞＋かかる시간의 명사＋걸린다」는「체재하고있는 기간」을 말하는 것에는 쓰지 않으므로×.「いらっしゃる」는「来る오다」의 존경어. 자신의 행위에 대해서「いらっしゃる」라고는 말하지 않으므로 1도×.

17番　2　はい、先生、あしたもよろしくお願いします。　←（あしたも同じ時間に、ここで補習授業をします。いいですか。）
相手は、あした、授業を行うことを確認している。相手は先生で、目上の立場になるので、感謝の気持ちを含むことばで答える。1のように「とても」をつけても不適切。

The other person is confirming that there will be a class tomorrow. The other person is a teacher and, therefore, superior so the response must contain an expression of thanks. Responses like 1, even if they include「とても」, are not appropriate.
对方在确认明天上课的事。对方是老师，属于尊长的地位，所以要用带有感谢意思的词语来回答。像1那样用「とても」是不合适的。
상대는 내일 수업을 하는 것을 확인하고 있다. 상대는 선생님으로 윗사람의 입장이 되므로, 감사의 기분을 담은 말로 대답한다. 1과 같은「とても」를 붙여도 부적절.

18番　1　はい、喜んで、お引き受けします。
←（この仕事、ぜひ君にやってもらいたいんだが……。）
相手は上司で、目上の立場の人。その人が仕事をしてほしいと頼んでいる。その申し出を、ありがたいという気持ちとともに受け入れる言い方は1。3の表現は失礼になる。

The other person is a boss or a superior. That person is asking you to do some work. The option that expresses gratitude for the request is 1. The expression in 3 is rude.
对方是上司，是尊长的地位。这个人拜托自己做工作。对这种要

求用帯有感謝意思并接受的説法是1。3的表達方式是失礼的。
상대는 상사로 윗사람의 입장. 그 사람이 일을 하기를 원한다고 부탁하고 있다. 그 제의를 고마운 기분과 함께 받아들이는 표현은 1.3의 표현은 실례가 된다.

19番 2　いいですよ。いつまでに見ればいいですか。　←（先生、このレポートを見ていただけませんか。
相手は学生で、レポートを見てほしいと依頼している。「見ていただけませんか」と「見せていただけませんか」の違いに注意しよう。「せ」というひらがなが一つあるかないかによって、「だれが」見るのかが異なる。この場合「見せる（＝見てもらう）」のが私で、「見る（＝内容や形式を学生のためにチェックする）」のは先生。

The other person is a student and she is requesting that you look at her report. Be careful of the difference between 「見ていただけませんか」and「見せていただけませんか」. Just with one *hiragana*「せ」you can tell「誰が」'who' is looking. In this case, the person who will「見せる（＝見てもらう）」, 'show something to someone (=have someone look at)' is the first speaker (the woman) and the person「見る（＝内容や形式を学生のためにチェックする）」, 'looking (=checking the content and form for a student)' is a teacher.
対方是学生，想要拜托自己看看報告。要注意「見ていただけませんか」和「見せていただけませんか」的区別。有没有「せ」这个平假名，是"誰"来看就不同了。这个时候"見せる（給看）＝帮看"的是我，"見る（看）＝帮学生検査内容和形式"的是老师。
상대는 학생으로 레포트를 보기 원한다고 의뢰하고 있다. 「見ていただけませんか」와「見せていただけませんか」의 다름에 주의하자. 「せ」라는 히라가나가 하나 있는지 없는지에 따라「누가」보는지가 달라진다. 이 경우「見せる보이다（＝봐 받는다）」는 것이 나이고,「見る보다（＝내용이나 형식을 학생을 위해서 체크한다）」는 것은 선생님.

20番 3　はい、大丈夫です。　←（次の診察ですが、来週の同じ時間でいかがですか。）
相手は、こちらの都合を確認している。相手の提案で不都合がないことを伝える表現としては3が合う。2は診察の場所は同じなのだから、「時間は」と「は」を使って時間をとりたてて言うのは意味がない。

The other person is confirming your schedule. The answer that expresses that it is not inconvenient is 3. In number 2, the place is the same and using「は」in「時間は」to speak of time doesn't make sense.
対方在確認己方的時間。作為伝達与対方的提案相合的情報的表達方法的3是对的。選項2，由于看病的地点相同，用「時間は」(等「は」)来强調時間就没有意义。

상대는 이쪽의 형편을 확인하고 있다. 상대의 제안에서 부적합함이 없는 것을 전하는 표현으로는 3이 맞다. 2는 진찰의 장소는 같으므로「時間は」라고「は」를 사용해 시간을 특별히 내세울 의미는 없다.

21番 1　いいですね。　←（今からちょっと飲みにいきませんか。）
相手は、これから一緒にお酒を飲みに行こう、とさそっている。「いいですね」は相手が提案してくれたことに対し、自分もそう思っていることを表現する定番のことば。逆にしたくないことにさそわれて、断るときの定番の表現は「今日はちょっと……。」など。

The other person is inviting you to have a drink with him.「いいですね」is a standard expression for agreeing with someone's suggestion. When you want to decline an invitation, the standard expression is something like,「今日はちょっと……。」.
対方邀請己方現在一起去喝酒。「いいですね」是对方的提案自己也賛同的時候使用的固定語言。相反如果不想去時，拒絶的固定語言是「今日はちょっと……。」等。
상대는 지금부터 함께 술을 마시러 가자고 권하고 있다. 「いいですね」는 상대가 제안해 준 것에 대해 자신도 그렇게 생각하고 있는 것을 표현하는 전형적인 말. 역으로 하고 싶지 않은 것이 권해져, 거절할 때의 전형적인 표현은「今日はちょっと……。」등.

22番 1　そうね、そうしよう。　←（食器洗い、今やっちゃおうか。）
相手は、一緒に食器を洗おうと提案している。親しい相手から、何かを一緒にしようとさそわれて、それを受け入れるときの表現としては1が合う。「やっちゃおう」は「やってしまおう」の口語的な表現。

The other person is suggesting that you wash the dishes together. An expression used to accept an invitation to do something together from a close friend is 1.「やっちゃおう」is a colloquial expression for「やってしまおう」, 'end up doing something.'
対方提出一起洗碗。被親切的対方邀請自己一起做某事時，接受这一邀請時的表達的1是対的。「やっちゃおう」是，"一起干吧"的口語表達方式。
상대는 함께 식기를 세척하자고 제안하고 있다. 친한 상대로부터, 무엇인가를 함께 하자고 권해져, 그것을 받아들일 때의 표현으로는 1이 맞다. 「やっちゃおう」는「해 버리자」의 구어적인 표현.

23番 2　じゃ、1つください。　←（今日はキャベツが、1個100円、安いよ、安いよ～。）
相手は店の人で、キャベツを売ろうと熱心に働きか

けている。それにこたえる表現としては、選択枝の中では2が適当。

The other person is the shop clerk and he is trying very hard to sell cabbage. The expression that responds to that among the answer options is 2.
对方是店员，为了卖卷心菜而热心的招呼着。对此进行回答的表达方式选项中的2是对的。
상대는 가게의 사람으로 양배추를 팔려고 열심히 손을 쓰고 있다. 그것에 답하는 표현으로는 보기 중에서는 2가 적당.

24番　2　それは、おめでとう。　←（先生、大学に合格しました。）
相手は学生で、合格の報告をしている。ていねいに言うと「おめでとうございます」だが、目上の人が目下の人に言う場合、略した形で言うことが多い。

The other person is a student, and knows the test results. The polite form is「おめでとうございます」, 'congratulations,' but when a superior is speaking to an inferior, it is often used in the shortened form.
对方是学生，正在汇报合格的消息。亲切地说法是「おめでとうございます」(祝贺您了)，但地位高的人对地位低的人说话时用简略的形式比较多。
상대는 학생으로 합격의 보고를 하고 있다. 정중하게 말하면「おめでとうございます축하드립니다」이나, 윗사람이 아랫사람에게 말할 경우, 생략한 형태로 말하는 경우가 많다.

25番　3　ねぼうしちゃったんです。　←（今日はどうして遅れたんですか。）
相手は、遅れた理由を聞いている。理由を答えている3を選ぶ。「～ちゃったんです」は理由を述べるときに使う表現。「～てしまったんです」の口語的な言い方。

The other person is asking the reason why you were late. You must choose 3, which contains a reason. 「～ちゃったんです」 is an expression used when giving a reason. It is a colloquial way of saying 「～てしまったんです」 'I ended up doing ～.'
对方在问迟到的理由。回答理由的选3。「～ちゃったんです」是阐述理由时的表达方式。「～てしまったんです」(因为搞糟了)是口语的说法。
상대는 늦은 이유를 묻고 있다. 이유를 답하고 있는 3을 고른다.「～ちゃったんです」는 이유를 서술할 때 쓰는 표현.「～てしまったんです～해 버렸습니다」의 구어적인 표현.

聴解問題スクリプト

（M＝男性、F＝女性）

Disc 1

問題1　課題理解

1番　Disc 1-1

学校で、先生と女の学生が話しています。女の学生は、この後、最初に何をしますか。

M：来週はいよいよ実習ですね。みなさん、もうインタビューに行くところは決まっていますよね。Aグループはどこですか。

F：はい、私たちはビール工場に行く予定です。工場の歴史についてもインターネットで調べました。

M：何を質問するか、準備もできてますか？

F：はい。あともう少し、かかりそうですが、だいじょうぶです。

M：そうですか。実習の日は、何という人を訪問するんですか。

F：え、それって先生が決めて、一緒に行ってくださるんじゃ……。

M：え、違いますよ。それも自分たちでやらないと。

F：えー、そうだったんですか。じゃ、大急ぎで、工場に連絡しなくては……。

M：そうですね。まずはそれが一番ですね。

女の学生は、この後、最初に何をしますか。

2番　Disc 1-2

男の人と女の人が飲み会の日について話しています。2人は飲み会の日をいつにしますか。

M：飲み会、いつにする？　みんなの予定、聞いたんだけど、来週だと、金曜は都合悪い人、多いみたい。

F：そうか。私も自分の都合で悪いんだけど、火曜はだめなんだ。
M：土曜、日曜はだめだし、じゃあ、候補はこの3日か。あ、でも、ぼくも申しわけないんだけど、16日は予定が入ってて……。
F：となると、この2日か。週の初めから飲み会というのはさけたいよね。
M：そうだね、この日に決めよう。

2人は飲み会の日をいつにしますか。

3番 Disc 1-3

女の人が電話で、市役所の係の人と話しています。女の人はこの後、最初に何をしなければなりませんか。

F：すみません、きのう、こちらの市に引っ越してきたんですが、手続きはどうしたらいいんですか。
M：そうですか。えー、そうしましたら、前に住んでいた所からの転出証明書はありますか。
F：いいえ、忙しかったもので、まだです。
M：じゃ、急いでそれをもらってください。あと、引っ越したのは、あなたお1人ですか。
F：はい、そうです。
M：そうですか。では、転出証明書が用意できたら、あなた本人だと確認できるものを持って、住民課に来てください。
F：パスポートでもいいですか。
M：結構ですよ。あと、はんこは持ってますか。
F：あ、はい。
M：じゃ、それも必ず用意してきてください。
F：わかりました。

女の人はこの後、最初に何をしなければなりませんか。

4番 Disc 1-4

男の人と女の人が話しています。男の人は、何分発のバスに乗りますか。

M：あした、お母さん、病院に連れていくだろ。何時に行ったらいいのかな。
F：病院の受付は9時からだから、その15分前に病院に着けばいいと思う。
M：駅からはどれぐらいかかるのかな？
F：駅からは病院行きのバスが出てるから、それに乗っていけばだいじょうぶだよ。
M：バスは何時に出るの？
F：8時15分から10分おきに出てる。病院までは5分だから、このバスで行けばちょうどいいよ。
M：わかった。

男の人は、何分発のバスに乗りますか。

5番 Disc 1-5

男の学生が、アルバイト募集の案内を見て電話をしています。男の学生は、面接までに何を準備しますか。

M：すみません、アルバイト募集の案内を見て、お電話したんですが……。
F：そうですか。年はいくつ？
M：17です。近くの北山高校の学生です。
F：あ、そう。じゃあ、面接するから、履歴書を持ってきてください。急だけどあしたでもだいじょうぶ？
M：はい、わかりました。あ、でも履歴書にはる写真が間に合わないかもしれません。
F：だったら、写真はなくてもいいですよ。あと、高校生の場合、お父さんかお母さんの承諾書がいるんですよ。アルバイトすることを認めます、っていう文章に、はんこ押したもの。それも用意してきてくれる？
M：わかりました。

男の学生は、面接までに何を準備しますか。

6番 Disc 1-6

男の店員が、客の女の人に、機械の使い方を説明しています。女の人がしてはいけないことは何ですか。

M：こちらの機械は、お手入れも簡単にできるんですよ。
F：へー、便利ですね。
M：ただ、気をつけていただきたいのは、この白い部分は絶対に水にぬらさないこと。水に触れると高い熱を出して、火事になる恐れがありますから。
F：えー、そうなんですか。わかりました。注意します。白い部分を乾いた布でふくのはだいじょうぶですか？
M：ええ、かまいませんよ。少しぐらい曲げたり、引っ張ったりしてもだいじょうぶです。
F：わかりました。

女の人がしてはいけないことは何ですか。

7番 Disc 1-7

男の人と女の人がごみの捨て方の案内を見ながら話しています。男の人はいつ、ごみを捨てますか。

M：ねえ、燃えないごみって何曜日だったっけ？
F：えーと、水曜だったと思うけど……。でも、燃えないごみは1週間おきだから気をつけて。
M：わかった。今週は第2水曜だから……あ、だめだ。この地区は来週だ。
F：あれ、でもちょっと待って。それってジュースの缶だよね。
M：うん。
F：じゃ、資源ごみだよ。
M：え、あ、ほんとだ。じゃあ……。

男の人はいつ、ごみを捨てますか。

聴解問題スクリプト

8番 Disc 1-8

女の人と男の人がインターネットで新幹線の予約ページを見ながら、話しています。女の人は何時何分発の新幹線を予約しますか。

F：社長、今度の出張、新幹線の予約をしようと思うのですが、新大阪には何時に着けばよろしいですか。

M：お客さんのところには3時半にうかがう約束だから、少し早めだけど30分前までに着けばいいだろう。

F：そうすると、これか、これですね。禁煙席がよろしいんですよね。

M：そうだね。そうしてくれる？

F：あ、でも、そうすると、「ひかり」しかないですね。

M：うーん、「ひかり」は時間がかかるからなあ。新大阪からお客さんのところは、急げば20分で行けるから、その後のでいいや。

F：かしこまりました。ではこれを予約いたしますね。

女の人は何時何分発の新幹線を予約しますか。

9番 Disc 1-9

男の人と女の人が家で話しています。女の人は、何を買わなくてはいけませんか。

M：ちょっと郵便局、行ってきてくれる？
F：いいよ。切手？
M：うん、50円を10枚と80円を20枚。
F：あれ、まだ80円切手、残ってたと思うよ。……ええと、ほら、ここに10枚ある。
M：あ、じゃあ、それを使うから80円は半分でいいや。あと、はがきを30枚、買ってきてくれる？
F：普通のはがきでいいの？
M：いや、往復はがき。
F：了解。

女の人は、何を買わなくてはいけませんか。

10番 Disc 1-10

男の人と女の人が話しています。男の人は、今週中に何をしなければなりませんか。

M：旅行の準備、どれを先にやったらいいかな。まずは着るもの。シャツをクリーニングに出してこなくちゃ。その後、銀行に寄っていこう。
F：あ、そうだ。さっき旅行会社から電話があって、飛行機代の支払いはお済みでしょうか、あしたが支払いの期限です、って連絡があったよ。
M：あ、いけない。すっかり忘れてた。金曜日までに払わないといけないんだった。
F：コンビニで払っても結構です、って言ってたよ。
M：うーん、そしたらあした、飛行機代はコンビニでお金をおろして払おう。銀行とクリーニングは来週でもいいや。

男の人は、今週中に何をしなければなりませんか。

11番 Disc 1-11

女の人と男の人が、電話で話しています。男の人は、この後、最初にどうしますか。

F：あ、まさおさん？ 今、スーパーにいるんだけど、前から欲しかった、あのイスが安くなってるんだ。15000円が8000円！
M：ほんと？ 買っちゃおう。でも、重いよね。届けてもらえるの？
F：ううん、自分で運ばないといけないんだ。悪いけど、車で迎えに来てくれない？
M：ああ、いいけど。
F：それで、せっかく車で来るんだったら、スーパーに来る前に、サトルを幼稚園に迎えにいってほしいんだ。
M：わかった。

男の人はこの後、最初にどうしますか。

12番 Disc 1-12

女の人と男の人が話しています。女の人が持っていくのはどれですか。

F：ええと、あした、持っていくものは……、まず帽子と。
M：天気予報で午後から雨が降るって、言ってたよ。
F：雨か……。でも、畑で作業するのに、かさはちょっと……。両方の手は、自由に使えるように、何も持たないようにしておかないといけないんだ。
M：そうなんだ。じゃあ、レインコート？
F：うん。そう。あと、タオル。
M：あ、この大きいのがいいんじゃない？
F：ううん、小さいほうがいいんだ。首にまくから。

女の人が持っていくのはどれですか。

13番 Disc 1-13

女の人がアルバイト募集の説明会で話しています。集まった人は面接の後、最初に何をしますか。

F：本日は面接説明会にお集まりくださり、ありがとうございます。これから面接の順番について説明します。まず、受付で渡したカードに名前と電話番号を書いてください。隣の部屋で面接をしますから、それを面接する人に渡してください。それから、面接の後、今日、ここに来るのにかかった交通費を払います。面接をした人が紙を渡しますので、ここまでいくらかかったか、書いてください。お金は出口で払います。

集まった人は面接の後、最初に何をしますか。

聴解問題スクリプト

14番 Disc 1-14

男の人と女の人が、スーパーのチラシを見て話しています。男の人が買うのはどれですか。

M：買い物、行くけど、何か買ってくるものある？
F：トイレットペーパー、そろそろなくなりそうだよ。それからはみがき粉も。
M：あれ、はみがき粉は、この前、買ってきて、引き出しに入れてあるはずだよ。
F：今日、チラシを見たら安くなってるから、お願い。あと石けんもね。
M：えー、石けんなんて、そんなにたくさんあってもじゃまじゃない？
F：くさるものじゃないし、安いときにまとめて買っておいたほうがいいの。
M：そうか。あ、洗濯用の洗剤も安くなってるよ。
F：あ、それはいい。香りが好きじゃないから。
M：はいはい。

男の人が買うのはどれですか。

15番 Disc 1-15

女の人と男の人が話しています。女の人はどうしますか。

F：あした、「橋田」まで行くんだけど、どう行くのが一番いいかな。
M：インターネットで調べてみるよ。ええと、出発は「高木駅」で、行き先が「橋田駅」だね。ええと、一番早いのは「新大川」まで地下鉄で行ってJR線に乗り換え。急行を使えば50分だね。
F：JR線の急行は込むから、いやだな。
M：各駅停車なら込まないよ。その分、時間は10分ぐらい、長くかかるけど。そうじゃなければ、高木駅から橋田駅までバスという方法もあるよ。
F：時間はどのぐらいかかる？
M：50分ぐらいかな。でも、朝は道が込むから、もっとかかるよ。
F：いつ着くか、わからないのは困るな。少し時間がかかってもすいてる電車で行こう。

女の人はどうしますか。

問題2 ポイント理解

1番 Disc 1-16

男の人と女の人が手帳について話しています。男の人は、どうして黄色い表紙の手帳を使っていますか。

F：あ、新しい手帳？ 珍しいね、黄色の表紙なんて。彼女からのプレゼント？
M：うん、クリスマスにね……って、実は自分で買ったんだ。
F：なんだ。贈り物じゃないのか。
M：ずっと黒ばっかりだったから、今年は派手な色にしたんだ。それに、手帳の色を黄色にすると、お金持ちになれるらしいよ。
F：えー、黄色にするとそんな効果があるの？
M：なーんちゃって、わかんない。本当は、かばんの中で見つけにくいんだよ、黒だと。それで明るい色にした、ってわけ。
F：なるほど。

男の人は、どうして黄色い表紙の手帳を使っていますか。

2番 Disc 1-17

男の人が旅行について話しています。男の人は、どうして1人で旅行に行きたいのですか。

M：友だちと旅行するのも楽しいのですが、ぼくは、旅行は1人で行くことが多いですね。よく「失恋でもしたのか？」なんて言われますけど。実はぼく、写真をとるのが好きなんですよ。気に入った場所があると、ずっとそこにいたい。でも、友だちと一緒だと、そうもいきません。友だちは待ってる間、つまらないだろうし、ぼくもそんなことで気をつかうのは疲れます。好きな本が1冊あれば別にさびしくないですよ。かえってゆっくり本が読めます。

男の人は、どうして1人で旅行に行きたいのですか。

3番 Disc 1-18

男の学生と女の学生が話しています。女の学生は、どうしてきのうの夜、眠れなかったのですか。

M：すごく眠そうだね。ああ、きのう遅くまで、図書館でレポート書いてたんでしょ。
F：ううん。きのうはわりと早く家に帰ったんだけど、夜、眠れなくて。
M：え、家でもレポートのこと、考えてたの？
F：ううん。きのうはすごく疲れてて……。
M：ああ、疲れすぎると逆に眠れないことってあるよね。
F：いや、実は気分変えようと思ってテレビつけたら、むかしの映画やってて、見はじめたらおもしろくなっちゃって……。
M：最後まで見ちゃったの？
F：そう。途中でやめられなくて。
M：なーんだ、心配しちゃったよ。

女の学生は、どうしてきのうの夜、眠れなかったのですか。

4番 Disc 1-19

女の人が話しています。この女の人が、人をさそうときに気をつけていることは何ですか。

F：人をさそうときに、よく「あしたひま？」という人がいますね。でも、これは失礼だと思うんです。好きなことや興味があることならいいですが、「ひま」とすぐに答えてしまって、もし行きたくないことだった場合、ことわりにくくありませんか。ですから、私は人をさそうときは、「映画の券があるけれど一緒に行きませんか」というように、内容をちゃんと言うようにしています。

この女の人が、人をさそうときに気をつけていることは何ですか。

5番 Disc1-20

男の人と女の人がペットについて話しています。この女の人が、今かっているペットを選んだ一番の理由は何ですか。

M：山田さんって、なんかペットかってるの？
F：うん、かってるよ。鳥。インコ。
M：へー、そうなんだ。鳥って、何考えてるか、わかるの？ 犬や猫ほど、わからない気がするけど。
F：ううん、鳥もかっているうちに、だんだん、わかるようになるよ。それに、昼間、家にだれもいなくても、鳥だったらだいじょうぶでしょ。私、1人暮らしだから、何かいたほうがさみしくない、っていうのもあるけど、世話が簡単なのがなにより。
M：そうだね。犬だと散歩に連れていかないといけないもんね。

この女の人が、今かっているペットを選んだ一番の理由は何ですか。

6番 Disc1-21

女の人がテレビで話しています。この女の人は、人気店の洋服が売れている一番大きな理由は何だと言っていますか。

F：昨年あたりから非常に安い値段で洋服を売る店が、東京の真ん中に増えています。こうした店が増えている理由として、日本は今、景気が悪く、物の値段がどんどん下がっている、ということがあります。消費者は少しでも安くていいものを買おうと考えています。ただし、洋服は安いだけでは売れません。人気の高い店の洋服は、値段は安いのに流行をちゃんと取り入れている、これが売上が伸びている最も大きな理由だと言えるでしょう。

この女の人は、人気店の洋服が売れている一番大きな理由は何だと言っていますか。

7番 Disc1-22

男の人と女の人が、あるニュースについて話しています。男の人は何が悲しいと言っていますか。

M：増えてるよね、こういう子どもの虐待事件。
F：ああ、親が子どもに食事を与えなかったり、子どもをなぐったりする事件ね。
M：なんで自分の子どもを、そんなひどい目にあわせられるんだろう。
F：ほんと、ひどいよね。でも、子どもはそんな風にされても、「自分が悪い。だからお母さん、お父さんは怒るんだ」って思うんだって。
M：悲しいよね。特に小さい子にとって親は絶対だから、親にきらわれたらどうしようって思うんだろうね。
F：うん。

男の人は何が悲しいと言っていますか。

8番 Disc1-23

男の人と女の人が会社で話しています。女の人はどうして「いらいらする」と言っていますか。

F：あー、もう、いらいらする。せっかくパソコン、新しくしたのに。
M：どうしたの、使い方がわからないの？
F：うん、これまでと同じワープロソフトなんだけど、新しくなったせいで、操作方法が変わっちゃって。
M：それは、使って慣れるしかないでしょう。
F：それはまあ、慣れると思うんだけど。わからないことを調べても、その説明書の日本語がぜんぜん、意味わかんないんだよね。読めば読むほどわからなくなる。
M：それでいらいらしてたの。
F：そう。古いパソコンは動きが悪くて時間かかったけど、今は説明を読むほうが時間かかるよ。

女の人はどうして「いらいらする」と言っていますか。

9番 Disc1-24

男の人が、社員のしかり方について話しています。男の人が、しかるときに注意していることは何ですか。

M：最近の若い社員は、家でも学校でもしかられることに慣れていません。だから会社に入ってちょっとしかられると、すぐやめてしまう。ですが、私は最初から、みんなの前で大きな声でどんどんしかることにしています。ただ、大事なのはしかった後です。かくれたところで、社員のいいところをほめるんです。それが本人に伝わると、社長はただ怒っているのではない、とわかってくれます。みんなの前でほめるより、そのほうが効果があるんですよ。

男の人が、しかるときに注意していることは何ですか。

10番 Disc1-25

男の人と女の人が話しています。女の人は、どうして家に帰るのが遅くなったのですか。

M：遅かったね。あ、顔赤い。また、よってるんだろ。
F：違うよ～、仕事が終わらなかったんだよ。後輩が仕事ミスしちゃって、それでお客さんのところに、あやまりに行ったの。
M：それは大変だったね。で、お客さんは許してくれたの？
F：うん、行って説明したらわかってくれた。でも、そんなことがあったから、お昼ごはん、食べてなかったんだ。ほっとしたら急におなかすいちゃって。で、食事してたら、つい、ビールが飲みたくなっちゃって……。
M：な～んだ、やっぱりそうなんじゃない。

女の人は、どうして家に帰るのが遅くなったのですか。

11番 Disc1-26

男の人と女の人が、新しい本の企画について話しています。男の人が大事だと思っていることは何ですか。

M：ぼくの案は、法律の話をまんがで説明する、というものです。
F：でも、この本を読むのは大人でしょう？ まんがだと、子どもっぽいと思われるんじゃない？ 絵や図をたくさん入れるというのではダメなの？
M：ええ、全部、まんがで説明するというところが、この企画の重要な点だと考えています。法律は難しいと感じる人も多いと思いますが、暮らしに直接関係することが多いんです。そこをまんがで説明することで身近なことだと思ってもらいたいんです。
F：わかりました。せっかくだから、大人だけじゃなくて、子どもにも読んでもらえるような本にしたいですね。
M：はい。そうなるとうれしいです。

男の人が大事だと思っていることは何ですか。

12番 Disc1-27

先生が料理の作り方について話しています。今日の料理で、必ず守らないといけないことは何ですか。

M：今日は肉料理を紹介します。まず、肉と野菜を食べやすい大きさに切ってください。料理の時間を短くしたい人は、小さめに切るといいですよ。それから、お肉は、野菜の後に切るようにしてください。これはおなかをこわさないために、絶対守ってくださいね。普段から、野菜を生で食べるときは、肉と野菜を別のまな板で切るように気をつけている方もいると思います。今日は野菜もよく焼きますが、安全のため、順番は間違えないように気をつけてください。

今日の料理で、必ず守らないといけないことは何ですか。

13番 Disc1-28

女の人と男の人が話しています。男の人の弁当はだれがつくりましたか。

F：小林さん、お昼、一緒に食べに行かない？
M：あ〜、悪いけど、今日、お弁当持ってきたんだ。
F：へー、彼女がつくってくれたの？
M：それならいいんだけどさ。
F：え、じゃ、お母さん？　それとも自分でつくったの？
M：まさか。実は、ぼくのおやじが先月から料理教室に通いはじめてさ、お前は太りすぎだ、おれがこれから弁当をつくるから持って行け、ってなって……。
F：へー、いいお父さんじゃない。
M：いや〜、本当はお昼ぐらい、好きなものを、食べたいんだけどね。

男の人の弁当はだれがつくりましたか。

14番 Disc1-29

男の人と女の人が話しています。男の人はどうして早く帰りますか。

M：みなさん、今日は申しわけないんですが、お先に失礼します。
F：あら、もうお帰りですか？　奥様が早く帰ってくるようにおっしゃってるとか……。
M：あはは、家内はそういうことは言わないんですが、娘がね……。
F：あら、お嬢さんが心配されるんですか？
M：いえ、結婚することになりましてね。その相手と一緒に来るっていうんですよ。
F：まあ。それは早く帰らないと。

男の人はどうして早く帰りますか。

15番 Disc1-30

女の人と男の人が話しています。男の人はどうして携帯電話を変えましたか。

F：あ、携帯電話、新しくしたんだ。前のはどうしたの？　水に落としちゃったとか？
M：いや、別にそうじゃないんだけど。前のはちょっと……。
F：ああ、ボタンが小さくて押しにくそうだったよね。
M：うーん、まあ、それは慣れればどうってことなかったんだけど。なんか変な電話がかかってくるようになって……。
F：あ〜、電話番号の情報が知らない間に流れちゃったんだね、たぶん。
M：うん、それで番号を変えたくて、ついでに機種も新しくした、というわけ。
F：そうか、今は、新しい機種のほうが利用料金、安いしね。

男の人はどうして携帯電話を変えましたか。

Disc 2

問題3　概要理解

1番 Disc 2-1

男の人と女の人が電話で話しています。

F：あ、中村くん？　これからちょっと、そっちに行っていいかな。
M：うん、いいけど、どうしたの？　なんか相談ごと？
F：ううん。実は、母がみかんを送ってくれたんだけど、いらない？
M：え、せっかくなのに、悪くない？　それに寒いし。
F：寒いのはだいじょうぶ。1人じゃ全部、食べきれなくて。ちょうど犬の散歩に出るから、そのついでに、と思って。
M：じゃ、ありがたくいただくよ。あったかいお茶、用意しておくね。
F：ありがとう。じゃ、すぐ行くね。

女の人が、これから男の人の家に行くのは、どうしてですか。

1　みかんをあげたいから
2　一緒に食事をしたいから
3　相談したいことがあるから
4　かっている犬を見せたいから

2番　Disc 2-2

男の人が、講演会で話しています。

M：机の前でどんなにがんばって考えても、いいアイデアが浮かばなかったのに、机を離れて違う場所で、突然、いい考えを思いついた、という経験はありませんか。若い男女100人に聞いたところ、いいアイデアを思いついた場所として、おふろの中、散歩の途中、喫茶店、という答えが多く返ってきました。次にあがったのがトイレ、ベッドの中、という答え。みなさんも、考えが浮かばなくなったら机の前を離れる、試してみてはいかがでしょうか。

この男の人は、何について話していますか。
1　気持ちが落ち着く場所
2　1人になれる場所
3　アイデアを思いつきやすい場所
4　本を読むのにいい場所

3番　Disc 2-3

男の人と女の人が家で話しています。

M：ぼくは「変」っていう字だなあ。今年は変な事件が多かったし、首相も変わったから。ぼく自身も会社をやめて、生活が変わったしね。
F：確かに、私たち、2人とも「変化」が多かった年だよね、今年1年は。でも、私はその変

化をいいほうに考えて、「新」の字かな。
M：「新しい」の「新」だね。
F：そう。私は、今年は子どもが生まれて会社をやめたけど、それで新しい経験をたくさんしているから。
M：なるほど。そっちのほうがいいね。

2人は何について、話していますか。
1　新しい会社での仕事
2　子どもの名前に使う漢字
3　今年の辛かった出来事
4　今年1年を表す漢字

4番　Disc 2-4

女の人が話しています。

F：電子辞書を使う人が、近年、増えていますね。調べたい言葉を入力するだけで、すぐに意味が画面に出るので、勉強の能率も上がります。ただし、画面に出るのは「調べた言葉」だけです。その周りにある語まで広く見ることはできません。ここが紙の辞書と一番違うところでしょう。たまに紙の辞書を使って調べてみると、調べたい語の周りには、形が似ているけれど意味の異なる語や、聞いたこともない語が見つかったりして、おもしろいものです。2つの辞書を上手に使いわけるのが賢いと言えるでしょう。

女の人は、電子辞書と紙の辞書について、どう言っていますか。
1　紙の辞書を使ったほうがいい
2　電子辞書を使ったほうがいい
3　両方とも使いにくい
4　両方をうまく使いわけるといい

5番 Disc 2-5

女の人と男の人がアルバイトの休み時間に話しています。

F：あのー、山田くん、来週なんだけど……金曜日って、忙しいんだっけ？
M：金曜日？ 午前中は授業だけど、午後からは空いてるよ。
F：実は金曜日、私、シフトに入る予定だったんだけど、用事が入っちゃって……。だれか代わってくれる人、いないかなあ、と思って。
M：あ、そうなの？ 飲み会でもあるの？
F：ううん、実はいなかから親が来ることになって、迎えに行かなくちゃいけないんだ。
M：そうなんだ。ぼくでよければだいじょうぶだよ。
F：ほんと？ じゃあ、お願いしてもいいかな。
M：うん。
F：助かる～。

女の人は、男の人に、何を頼みましたか。
1 飲み会に一緒に行ってほしい
2 授業に代わりに出てほしい
3 アルバイトを交代してほしい
4 親を迎えに行ってほしい

6番 Disc 2-6

男の人が話しています。

M：みなさんは、よくコンビニを利用しますか。コンビニでは、弁当や雑誌などが買えるほか、いろいろなサービスを利用することができます。10代から50代の人に聞いた調査では、「コピー機を使う」「水道代やガス代などの公共料金を払う」「お金をおろす」「荷物を送る」といった答えが多く聞かれました。中には、物は買わないで、こうしたサービスだけを利用する、という人もいました。こういった答えを見ると、コンビニはもう「物を買うためだけの場所」とは言えないかもしれません。

男の人はコンビニの何の調査について話していますか。

1　利用者の不満
2　よく買うもの
3　利用者の年齢
4　よく利用するサービス

7番　Disc 2-7

日本に留学に来た男の学生と女の学生が話しています。

M：日本では電車、よく乗る？
F：うん。乗るよ。いつ乗ってもこんでるって聞いていたけど本当なんだなあ、と思った。
M：ぼくは、電車の中で寝ている人が多いことにびっくりしたよ。若い人も年を取った人もみんな寝てる。これはぼくの国ではないね。
F：私は、はだかの女の人の写真が出ている新聞や本を、たくさん人が乗っている中で、平気で見ている男の人がいること。私の国では考えられないよ。
M：ぼくも、ああいうのはかくれて見るものだと思ってた。あと、お化粧している女の人がいるのもびっくり。あれも人の前でやることじゃないと思う。
F：物を食べてる人も最近、多いよね。これも私の国ではあり得ないね。

2人は、日本の何について話していますか。
1　電車の中でおどろいたこと
2　電車の中で怖かったこと
3　電車の中で恥ずかしかったこと
4　電車の中で困ったこと

8番　Disc 2-8

男の人が話しています。

M：東京の平均気温は、100年前と比べて約3度上がりました。特に夏、夜の気温が25度より

下がらない「熱帯夜」と呼ばれる日も多くなり、よく眠れないと訴える人が増えています。一晩中、エアコンをつけたまま寝る人もいますが、上手に使わないと体の調子を悪くする場合もあります。ぐっすり眠るためには、寝る3時間前までに夕飯を済ませる、夕方、軽く運動する、寝る前にお酒やコーヒーを飲み過ぎない、といったことに気を付けるとよいでしょう。

男の人は、何について話していますか。
1　東京の今年の夏の気温予測
2　上手なエアコンの使い方
3　暑い夜によく眠る方法
4　夏を健康に過ごす方法

9番　Disc 2-9

女の人と男の人が電話で話しています。

F：あ、山田くん？　あのさ、土曜日にごはん食べよう、って言ったじゃない？　もうお店、予約しちゃった？
M：うん、6時から3名で予約してあるよ。
F：悪いんだけど、今から変えられるかな？　あきこちゃんに話したら、私も一緒に行きたいって……。
M：大丈夫だと思うよ。
F：じゃあ、申しわけないけど、お店に連絡してもらえる？
M：うん、わかった。

女の人は男の人に、何についてお願いしていますか。
1　予約している時間を変えること
2　予約している人の数を変えること
3　予約している場所を変えること
4　予約を取り消すこと

聴解問題スクリプト

10番 Disc2-10

講演会で女の人が話しています。

F：「笑う門には福来る」という言葉を知っていますか。明るくにこにこしている人のところには自然と幸せがやってくる、という意味です。「笑う」ことは、気持ちを楽しく、明るくしてくれるほか、血液の流れや頭の働きをよくしたり、体の中にある病気のもとになる悪い物質を減らしたりすることも知られています。みなさんもたくさん笑って明るく元気になりましょう。

女の人は、主に何について話していますか。
1 　笑いで病気を治す方法
2 　笑いが心に与える影響
3 　笑いと頭の働きの関係
4 　笑いが心と体に与える効果

11番 Disc2-11

男の人がスピーチをしています。

M：電気は経済の発展を支える大事なものですが、原子力による発電は、私は危険だと考えています。危険だから、すぐにでもやめるべきだ、という考えもあるでしょう。しかし、急にやめると電力が不足し、経済の発展を妨げる危険性もあります。少しずつ、風力や太陽の光など自然の力を使った方法に移していき、30年後ぐらいには原子力は完全にやめる、私はそれがよいと考えます。

男の人は、どのように考えていますか。
1 　原子力発電はすぐにやめるべきだ
2 　原子力発電は将来はやめるべきだ
3 　原子力発電はやめるべきではない
4 　将来は原子力と自然の力の両方を使うべきだ

12番 Disc2-12

男の学生と女の先生が話しています。

M：先生、すみません。テストのことでうかがいたいことがあるんですが……。
F：いいですよ。さっきの文法の説明、わかりにくかった？
M：いえ。文法じゃなくて作文のテストなんです。実は私、書くのが苦手で……。
F：うーん、確かにまだ、文章全体の構成を考えるのが苦手みたいね。
M：はい。それで、これから毎週、作文を書いてきますから、悪いところを直していただけないでしょうか。
F：いいですよ。月曜日の午後なら時間があるけど、どう？
M：はい、大丈夫です。お願いします。

男の学生は、先生に何をしてほしいと言いにきましたか。
1　作文を書いてほしい
2　作文のテストをする日を教えてほしい
3　作文の構成を考えてほしい
4　作文をチェックしてほしい

13番 Disc2-13

女の人が講演会で話しています。

F：若い社員のことを「自分の考えを持っていない」という人は多いですね。でも、私から言わせると、それは上に立つ人の責任が大きい。「なんでも思ったことを言いなさい」と言っているのに、若い人が本当のことや間違ったことを言うと怒ったりばかにしたりする。これでは自分の考えを持つより、上の人の言うことを聞いておいたほうがいいと思うのは当たり前です。上に立つ人は、若い人が何を言っても、まず、よく聞くことが大事です。

女の人は、若い人が自分の意見を持つようにするために、どうしたらいいと言っていますか。
1　上の人が、若い人の話をよく聞く

2　若い人が、上の人の話をよく聞く
3　上の人は、若い人が間違ったらしかる
4　若い人は、上の人でも間違っていたら直す

14番 Disc2-14

男の人が、女の人の家の玄関で話しています。

M：ごめんください、細川です。
F：あら、細川さん。こんにちは。
M：お忙しいところ、すみませんね。この間、家族で旅行に行きましてね。これ、おみやげ。お菓子です。
F：あらー、細川さんったら、困りますよ、こんなにたくさん！
M：まあ、そう言わずに。
F：そんな。申しわけないです。
M：いえ、こちらこそ、いつもお世話になってますから、ほんの気持ちですよ。
F：もう、本当に気を使わないでくださいね。

男の人は、何のために女の人の家に来ましたか。
1　迷惑をかけたことを謝るため
2　おみやげを渡すため
3　旅行の話をするため
4　お菓子を売るため

問題4　発話表現

1番　Disc2-15

友だちに借りた本を汚してしまいました。何と言いますか。
F：1　ごめん、実は借りた本、汚しちゃったんだ。
　　2　ごめん、借りた本、汚れてて読めなかったんだ。
　　3　ごめん、借りた本、なくしちゃったんだ。

2番　Disc2-16

部屋が暑いので、窓を開けたいです。何と言いますか。
M：1　暑いですね。窓を閉めないでくださいよ。
　　2　暑いですね。窓を開けたらいいですよ。
　　3　すみません。暑いので窓を開けてもいいですか。

3番　Disc2-17

会社で、部長が先に帰ります。何と言いますか。
F：1　おやすみなさい。
　　2　お疲れさまでした。
　　3　お先に失礼します。

4番　Disc2-18

夫に手紙を出しに行ってほしいです。何と言いますか。
F：1　悪いけど、ちょっと手紙、出しに行ってきてもいい？
　　2　悪いけど、ちょっとこの手紙、出してきてくれない？
　　3　悪いと思わないでね、先に手紙出しに行くけど。

5番 Disc2-19

企画書を部長に確認してもらいたいです。何と言いますか。

M：1　すみません。企画書、ごらんになりますか。
　　 2　すみません。企画書、見たいでしょうか。
　　 3　すみません。企画書、ごらんいただけますか。

6番 Disc2-20

夜、買い物に行ったら近所の人に会いました。何と言いますか。

M：1　あ、山田さん、こんばんは。
　　 2　あ、山田さん、おやすみなさい。
　　 3　あ、山田さん、ごちそうさまです。

7番 Disc2-21

となりの部屋の人がおみやげを持ってきてくれました。何と言いますか。

F：1　あら、気がつかなくてすみません。
　　 2　じゃあ、気をつけていらしてください。
　　 3　まあ、気を使っていただいてすみません。

8番 Disc2-22

先生が重い荷物を持っているので持ってあげたいです。何と言いますか。

M：1　先生、お荷物、持ってあげます。
　　 2　先生、お荷物、お持ちします。
　　 3　先生、お荷物、持ってやりましょう。

9番 Disc2-23

仲のいい友だちの家に、前から読みたかった本がありました。借りたいです。何と言いますか。
F：1　この本、借してもらえない？
　　2　この本、借りようか。
　　3　この本、借りてもいいんじゃない？

10番 Disc2-24

会社の先輩をパーティーにさそいたいです。何と言いますか。
F：1　今度のパーティー、行ってくださるといいですね。
　　2　今度のパーティー、いらっしゃいませんか。
　　3　今度のパーティー、お参りになりますか。

11番 Disc2-25

自分の前を走っていた女の人のかばんの中から、定期券が飛び出しました。何と言いますか。
M：1　あっ、何か落ちましたよ。
　　2　あっ、とても大変ですね。
　　3　あっ、どうしますか。

12番 Disc2-26

社長が自分の書いた本をあなたに渡しました。何と言いますか。
M：1　拝見します。
　　2　見たほうがよろしいですか。
　　3　見てあげます。

13番 Disc2-27

大学の卒業式です。先生に何と言いますか。

F：1　行ってまいります。
　　2　お世話になりました。
　　3　お先に失礼します。

14番 Disc2-28

外国人登録の窓口へ行きたいです。受付の人に何と言いますか。

F：1　外国人登録の窓口は何時までですか。
　　2　外国人登録の窓口はどんなところですか。
　　3　外国人登録の窓口は何番ですか。

15番 Disc2-29

レストランで、頼んだ料理と違うものが運ばれてきました。何と言いますか。

F：1　スパゲッティを頼んだんですけど……。
　　2　カレーは苦手です。
　　3　おいしいですね。

16番 Disc2-30

晴れた日に、知り合いの女性に外で会いました。何と言いますか。

M：1　天気予報を見ましょう。
　　2　いい天気ですね。
　　3　晴れますように。

17番 Disc2-31

タクシーの運転手さんに、止まる場所を伝えます。何と言いますか。
F：1　次の信号の手前で止めてください。
　　2　次の信号の手前で止まらなければなりません。
　　3　次の信号の手前で止めていいですか。

問題5　即時応答

1番 Disc2-32

M：仕事が終わらないや。今日も帰るの、遅くなるなあ。
F：1　それはいいね。早くやろう。
　　2　そうか。早く気づくべきだったね。
　　3　大変だね。お疲れさま。

2番 Disc2-33

F：困りますよ、もっと早く、書類を出してもらわないと。
M：1　申しわけありません。これから気をつけます。
　　2　申しわけないですが、遅すぎたようです。
　　3　悪かったのはお互いさまです。

3番 Disc2-34

M：荷物送りたいんだけど、あした、家にいる？
F：1　ええ、午後だけ、いらっしゃいます。
　　2　ええと、午前中はいますよ。
　　3　せっかくですが、お見えになりません。

聴解問題スクリプト

4番 Disc2-35

M：あれ、小林くんはいないのかな？
F：1　ええ、一緒に出かけたいですね。
　　2　いいえ、今日はもう戻らないと言ってました。
　　3　はい、きのうから出張に行ってます。

5番 Disc2-36

F：忙しそうだね、何か手伝おうか。
M：1　うん、そうしてくれると助かるよ。
　　2　うん、もっと一生けん命やってほしいよ。
　　3　うん、ちょっと助けてあげて。

6番 Disc2-37

F：お体の具合、どうですか？
M：1　ええ、おかげさまで、だいぶよくなりました。
　　2　ええ、ずっとお元気でいてくださいね。
　　3　ええ、お大事にしてくださいね。

7番 Disc2-38

M：あ、もうこんな時間！　すっかりおじゃましちゃってすみません。
F：1　ええ、じゃましてもかまいませんよ。
　　2　はい、ごちそうさまでした。
　　3　いえいえ、こちらこそ、楽しかったです。

8番 Disc2-39

F：鈴木さんという人を、ご存じですか。
M：1　はい、鈴木さんなら、いらっしゃいます。
　　2　はい、鈴木さんなら、よく存じております。
　　3　いいえ、鈴木さんは、よく知らないと言っています。

9番 Disc2-40

M：映画のチケットがあるんだけど、あした、一緒に行かない？
F：1　ありがとう。じゃ、2枚、くれる？
　　2　悪いけど、もう行かなくちゃ。
　　3　ありがとう。でも、あしたはバイトなんだ。

10番 Disc2-41

M：あー、楽しみにしてた旅行なのに、雨だよ……。
F：1　ほんと、残念だね。
　　2　これはすばらしいね。
　　3　うん、すごく楽しみだね。

11番 Disc2-42

F：この資料、会議までに30部コピーしてください。
M：1　はい、よろしくお願いします。
　　2　30部ですね。かしこまりました。
　　3　はい、ありがたくいただきます。

12番 Disc2-43

M：わー、きれい。佐藤さんは絵が上手ですね。
F：1　いえいえ、そんなことないですよ。
　　2　いいえ、そうはいかないですよ。
　　3　へー、そうだったんですか。

13番 Disc2-44

F：借りたペン、なくしてしまいまして……。申しわけありません。
M：1　ああ、どういたしまして。
　　2　ええ、それでだいじょうぶですよ。
　　3　ああ、気にしないでください。

14番 Disc2-45

M：駅までだれが先生を迎えに行くの？
F：1　山本さんが帰ります。
　　2　山本さんが行きます。
　　3　山本さんが来ました。

15番 Disc2-46

F：いつもどうやって家まで帰りますか。
M：1　タクシーを降りて、家まで歩きました。
　　2　遠いですが、家族がいますからね。
　　3　電車で駅まで行って、そこからバスです。

16番 Disc2-47

M：日本にいらっしゃってどのくらいになりますか？
F：1　まだいらっしゃったばかりです。
　　2　そうですね、5年ほどになります。
　　3　はい、7年かかりました。

17番 Disc2-48

M：あしたも同じ時間に、ここで補習授業をします。いいですか。
F：1　とてもいいです。
　　2　はい、先生、あしたもよろしくお願いします。
　　3　先生、いい悪いの問題ではありません。

18番 Disc2-49

M：この仕事、ぜひ君にやってもらいたいんだが……。
F：1　はい、喜んで、お引き受けします。
　　2　いえ、もらうわけにはいきませんよ。
　　3　そんなに私に頼みたいですか。

19番 Disc2-50

F：先生、このレポートを見ていただけませんか。
M：1　いいえ、いただけません。
　　2　いいですよ。いつまでに見ればいいですか。
　　3　ごめんなさい。これは見せられません。

20番 Disc2-51

M：次の診察ですが、来週の同じ時間でいかがですか。
F：1　もう、けっこうです。
　　2　時間はいいです。
　　3　はい、大丈夫です。

21番 Disc2-52

M：今からちょっと飲みにいきませんか。
F：1　いいですね。
　　2　お先にいただきます。
　　3　おかげさまで。

22番 Disc2-53

M：食器洗い、今やっちゃおうか。
F：1　そうね、そうしよう。
　　2　今は、ほしくないわ。
　　3　うん、今もやってるよ。

23番 Disc2-54

M：今日はキャベツが、1個100円、安いよ、安いよ〜。
F：1　ええ、食べやすいですね。
　　2　じゃ、1つください。
　　3　考えさせてください。

24番 Disc2-55

F：先生、大学に合格しました。
M：1　それは、おもしろいですね。
　　2　それは、おめでとう。
　　3　それは、残念だったね。

25番 Disc2-56

F：今日はどうして遅れたんですか。
M：1　バスに乗ってきました。
　　2　とても困っています。
　　3　ねぼうしちゃったんです。

初版第4刷